Theory & Practice of

REINSURANCE

재보험의 이론&실무

| 보험회사의 위험관리 전략 |

유영식 저

박영사

Preface

이 책의 머리말

다양한 위험의 인수를 본업으로 하고 있는 보험회사가 회사 경영의 핵심적인 부문인 위험관리에 있어서도 탁월한 전문성으로 보다 효율적이고 체계적인 관리가 이루어질 것으로 예상하지만 실제 상황과 현실은 이와는 전혀 다른 경우들을 우리는 종종 목격하게 된다. 매년 전세계적으로 여러 보험회사들이 보험계약자에 대한 보험금 지급의무를 이행할 수 없는 지급불능 상태에서 파산하거나 보험영업을 중단하는 사례들이 속출하고 있다.

수시로 변하는 시장환경 속에서 보험회사가 재무제표상 항상 지불능력(Solvency)을 유지하고 언더라이팅과 투자영업 부문에서 지속적이고 안정적인 성장과 발전을 도모하기 위해서는 전사적인 차원의 종합적이고 포괄적인 위험관리가 필수적이며, 재보험의 활용은 그 핵심적인 과제가 된다고 하겠다.

오늘날과 같은 세계 재보험시장과 자본시장의 극심한 부침과 변화는 각 업무부서 단위의 부문별 또는 보험종목별 재보험 프로그램의 수립과 운영을 지양하고 최고경영진의 책임 아래 전사적인 위험관리 차원에서 포괄적인 재보험전략을 수립하여 시행할 것을 요구하고 있다.

특히 최근들어 IT 관련기술의 발전은 방대한 양의 정보와 자료의 처리를 가능케 함으로써 보험회사의 언더라이팅 및 투자 포트폴리오와 관련된 각종 데이터의 분석이 보다 용이하게 되어 이를 근거로 대이재 모델(Catastrophe Model)과 같은 보다 과학적이고 정교한 위험관리 기법들을 개발하여 활용할 수 있게 되었다.

본서는 손해보험회사를 대상으로 보험회사의 위험관리전략으로서 재보험의 활용이라는 측면을 중심으로 재보험의 이론 및 실무와 직접 관련된 주제들을 다루고 있다. 재보험은 오랜기간에 걸쳐 축적된 거래관행에 의하여 이론적인 체계가 갖추어졌기 때문에 이론자체보다는 재보험 계약과 관련된 실무적인 접근방법이 재보험의 이해를 위한 유용한 도구라고 사료된다.

본서는 Part 1에서 보험회사의 지불능력 평가와 재무분석 등 보험회사의 위험관리와 관련된 주요사항들을 살펴보고 Part 2. Chapter 1에서 Chapter 4에 걸쳐 재보험의 기원 및 이론적 측면과 함께 재보험의 종류와 방법에 대하여 다루고 있다.

또한, Part 2. Chapter 5에서 Chapter 13에 걸쳐 재보험 계약의 법적, 공식적 문서인 재보험 계약서의 내용에 대한 검토를 통하여 각종 재보험의 방법과 형태에 따른 상이한 계약조건 등을 살펴보고 마지막으로 Chapter 14에서 Chapter 18에 걸쳐 세계 재보험시장의 현황, 변화추세 및 시장의 규제내용 등에 대하여 소개하고 있다.

본서는 국내 보험업계에 종사하는 재보험 업무관련 직원들의 업무지침서로 그리고 대학에서 보험을 전공하는 학생들에게는 재보험에 대한 이해를 심화시킬 수 있는 자료로 유용하게 활용될 수 있으면 하는 것이 저자의 바람이다.

5.16이후 정부의 보험산업 육성정책에 의하여 오늘날 코리안리(Korean Re)의 전신인 대한손해 재보험 공사가 1963년 설립되어 국내

재보험 거래가 개시된 지 50주년을 맞이하는 뜻깊은 해에 재보험에 대한 소개서인 본서를 출간하게 되어 더욱 기쁘게 생각한다.

출판업계의 어려운 여건에서도 본서를 출간하여 주신 박영사의 안종만 회장님께 감사드리며 또한 출간과정에서 많은 지원과 협조를 아끼지 않으신 박영사 전략기획팀의 정병조 씨와 편집부의 김선민 부장, 배우리 씨 등 관계자 여러분께도 특별히 깊은 감사의 마음을 전한다.

본서의 집필은 2012년 여름 저자가 미국의 캘리포니아에 체류하던 때에 집중적으로 이루어진바 이 기간에 원고정리와 타이핑에 많은 도움을 준 사랑하는 나의 딸 영은이와 그 곳에서 나의 섭생을 위하여 헌신한 아내에게 고마움을 표시한다.

2013년 5월 신록의 계절에

저자 **유영식**

Contents

이 책의 차 례

PART 1 보험회사의 위험관리

Chapter 1 보험회사의 위험관리

Chapter 2 보험회사의 지불능력(Solvency) 평가제도

PART 2 재보험의 이론과 실무

Chapter 1 재보험의 기원 및 발전과정

Chapter 2 재보험 이론

Chapter 3 임의재보험(Facultative Reinsurance)

Chapter 7 재보험 특약서(3)(Reinsurance Treaty Wording)

Chapter 8 비례재보험 특약서

Chapter 15 재보험시장에 대한 규제

Chapter 16 재보험시장의 변화추세

Chapter 17 유사 보험(재보험)시장(ART Market)

재보험의 이론과 실무

– 보험회사의 위험관리 전략 –

PART 1

보험회사의 위험관리

Chapter 1

보험회사의 위험관리

제1절 서 론

위험이란 손해발생의 가능성(Chance of Loss)을 의미하며, 따라서 손해발생 여부에 대한 불확실성(Uncertainty)이라는 개념이 내포되어 있다. 이 불확실성은 인간생활에 있어서 두려움과 근심으로 인한 육체적 또는 정신적인 긴장(Strain)을 유발한다.

위험은 보험산업에 있어 원료에 해당되며 따라서 위험이 존재하지 않는다면 보험은 그 존재가치가 없다고 하겠다. 그 동안 위험도 많이 진화하여 오늘날 새로운 형태의 위험들이 수없이 등장하고 있어 향후 보험산업에도 큰 변화가 있을 것으로 예상된다.

위험의 변화와 진화를 야기시키는 요인들을 살펴보면 지구환경의 변화 및 기후변화, 새로운 생산기술의 발전, 인구증가 및 평균수

명의 연장, 각종 배상책임관련 법규의 제정 등 헤아릴 수 없을 만큼 여러 원인에 그 근거를 두고 있다.

19세기에 판매되었던 마차보험과 같은 보험은 생활양식의 변화에 따라 오늘날 역사의 뒤안길로 사라진 반면에 생명공학의 발전에 따른 유전자 조작 및 배아세포 배양기술의 등장과 각종 정보기술의 발전에 따른 컴퓨터 바이러스, 인터넷 상에서의 해킹행위, 온라인 상거래 등과 관련된 새로운 위험의 출현은 보험상품의 내용과 위험관리기술 분야에서 기존의 보험산업에 새로운 과제를 던져주고 있다.

다른 한편으로는 위험의 국제화 추세가 또한 위험관리에 있어서 여러 가지 어려운 기술적인 문제를 제기하고 있다. 금융의 국제화, 국제적인 범죄행위, 에이즈(AIDS) 및 광우병과 같은 국경을 초월한 전염병의 발생, 저작권의 침해 및 원자력 사고에 의한 방사능의 오염 등의 사례에서 보듯이 개별국가 단위의 위험관리와 보험운영이 기존의 시스템에 의해서는 더 이상 불가능한 상태에 이르렀다. 이와 같이 위험의 형태가 급격히 변화하는 상황에서 위험관리의 수단도 기존의 피해보상과 손해예방(Compensation & Prevention)이라는 적극적인 조치와 함께 손해예방을 위한 사전주의(Precaution) 등 새로운 개념의 위험관리 수단이 등장할 것으로 예상되고 있다. 이와 같이 새로운 위험의 등장에 잘 대응하여 보험업계가 신상품 개발과 새로운 위험관리 기술 등으로 새로운 도전에 적절하게 대처할 경우에 보험산업은 또 다른 차원에서 비약적인 성장과 발전을 이룰 수 있다고 본다.

다양한 종류의 위험을 인수하는 보험회사는 그 업무의 성격상 위험에 대한 전문성과 탁월성으로 자신의 위험을 관리하는 면에서도 매우 효율적이고 체계적인 관리가 이뤄질 것으로 예상되지만 실제 현실과 상황은 전혀 다른 사례들을 우리는 종종 목격하게 된다.

전세계적으로 매년 많은 수의 보험회사들이 보험계약자에 대한 보험금 지급의무를 이행할 수 없는 지급불능의 상태에서 파산하거나 또는 보험영업을 중단할 수밖에 없는 상황들을 우리는 자주 보게 된다. 특히 대형 자연재해사고 이후에는 보험회사와 재보험회사들의 지급불능이나 도산에 이르게 되는 사례들이 급격히 증가하게 되며 이는 금융시장 전반에 적지 않은 영향을 주게 된다. 이에 따라 각 국의 보험감독 당국들은 보험계약자 보호를 목적으로 보험회사의 지불능력을 담보하기 위해 적정수준의 보험계약자 잉여금(Policyholder's surplus)을 유지하도록 하는 등의 대책 마련에 부심하고 있는 실정이다.

보험회사의 계약자 잉여금은 보험료 계정이 속한 자산(Assets) 계정에 대한 보험금(미지급 보험금 포함)으로 대표되는 부채(Liability) 계정상에 보험계약자에 대한 안전판(Additional cushion) 역할을 수행하는 자본 잉여금(Capital & Surplus)으로 구성되어 있다. 따라서 적정수준의 계약자 잉여금의 유지 여부는 보험회사의 보험금 지급능력을 평가하는데 중요한 바로미터가 된다.

최근 들어 기업위험관리(Enterprise Risk Management, ERM)라는 새로운 개념의 위험관리기법이 개발되어 현재 보험업계에서 널리 활용되고 있다. 새로운 IT기술의 발전으로 데이터(Data)의 관리와 처리가 과거에 비해 훨씬 용이해져서 기업위험관리(ERM) 기법에 의한 위험관리 수요가 점차 증가되어가는 추세에 있다. 보험회사의 위험관리에 널리 활용되고 있는 기업위험관리라는 새로운 기법의 위험관리에서는 보험회사가 당면할 수 있는 각종 위험에 대한 평가(Risk Assessment)와 이들 위험에 대한 모니터링(Risk Monitoring & Reporting)을 거쳐 회사가 감내할 수 있는 위험의 규모(Risk Tolerance)와 함께 이 같은 규모의 위험에 대비할 수 있는 경제적인 자본소요량(Economic Capital modelling)을 파악하는 한편 회사의 운영에 수반되는 일상적인 위험을 분석하여 위험의 최적화(Risk Optimization)가 가능하도록 하는 방안을 도출한다. 위험을 전문적으로 인수하는 보험회사는 위험관리 분야에 있어서도 다른 여타의 기업에 비하여 전문성과 탁월성이 특별히 요구된다고 하겠다.

보험회사는 보험계약의 인수시점에서 향후 지급하게 될 보험금에 해당하는 원가(Claim Cost)를 미리 계산하여 이를 보험료(Premium)로서 보험계약자에게 부과하게 된다. 향후에 결정되는 보험원가를 추정한다는 것은 이론적이나 기술적인 면에서 매우 어려운 과제이며 이와 같은 보험료 책정의 당연한 결과로 보험회사들은 언더라이팅 측면에서 많은 위험에 노출되어 있다. 또한 보험회사의 또 다른 중요한 영업부문인 투자영업에 있어서도 항상 동태적으로 변화하는 금융시장의 여건과 거래당사자의 신용상태는 보험회사에게 큰 위험부담을 안겨주고 있다.

제 2 절 보험회사의 지불능력 평가

보험회사의 지불능력(Solvency)과 재무 건전성 평가를 위하여 보다 합리적이고 과학적인 새로운 모델들이 개발되어 신용평가기관이나 보험감독 당국 등에 의하여 널리 활용되고 있는 바 이 모델이 제시하는 각 부문별 평가대상 및 내용을 살펴보면 다음과 같다. 보험회사의 지불능력에 대한 평가는 보험회사의 전반적인 재무 상태외에 보험회사의 경영 인프라를 구성하고 있는 제반 사항에 대한 검토가 함께 이루어진다.

- 보험산업의 전반적인 상황(Industry Review)
- 보험회사의 운영조직(Organizational Review)
- 보험회사의 운영상태(Operational Review)
- 보험회사의 경영진(Management Review)
- 보험회사의 지배구조(Corporate Governance Review)

위에서 언급한 사항에 대한 검토 시 고려하여야 할 점은 각 국가별로 보험상품과 보험회계제도가 상이한 점을 감안할 때 동일한 기준에 의한 검토가 어렵다는 점이다. 위험관리 측면에서 보험회사의 각 부문별 경영 인프라에 대한 핵심적인 검토사항을 살펴보면 다음과 같다.

1. 보험산업의 전반적인 상황(Industry Review)

모든 보험회사는 보험시장의 전반적인 상황에 따라 자사의 영업활동에 직, 간접적인 영향을 받을 수 밖에 없기 때문에 보험회사의 영업에 영향을 미칠 수 있는 보험시장의 상황을 파악하기 위해서는 구체적으로 아래 사항에 대한 검토가 필요하다.

- 보험산업에 대한 규제 내용 및 회계제도
- 보험시장에의 진입 장벽
- 보험시장에서 경쟁력의 주요요소
- 보험계약자와 보험모집 조직에 대한 보험회사의 협상력
- 보험클레임(Claim) 처리에 대한 시장의 관행 및 효율성
- 보험상품의 종류 및 신상품 개발 현황

일반적으로 손해보험시장은 생명보험시장과 비교할 때 보험 영업실적의 안정성 측면에서는 다소 취약하다고 하겠으나, 보험업계 외부로부터의 경쟁은 비교적 덜한 편이다. 보험시장에서 국가별 신용도(Country Risk)는 해당국 보험회사의 신용상태(Credit Profile)에도 영향을 미치고 있다.

보험시장의 전반적인 상황과 특성에 대한 검토가 이루어진 다음에는 검토대상이 되는 당해 보험회사의 보험시장 내의 위상 및 영업활동에 대한 검토가 아래 사항에 대한 평가를 통하여 이루어진다.

- 시장 점유율 및 성장전망(Market share & Growth)
- 인수 보험계약의 지역별 분포(Geographical Mix)
- 보험 종목별 인수계약의 구성(Diversification of Risks)
- 보험 모집 조직별 인수계약의 구성(Distribution Capabilities and Mix)
- 언더라이팅(Underwriting) 및 요율 산정능력
- 비용관리
- 일반 사무관리 상태 및 보험 기술력

2. 보험회사의 운영조직(Organizational Review)

보험회사는 운영조직의 성격에 따라 회사의 자본관리, 현금흐름(Cash flow) 및 신용상태 등과 관련하여 영향을 받을 수 있다. 즉 보험회사가 지주회사의 자회사일 경우에는 다음과 같은 사항에 대한 검토가 필요하다.

- 모기업의 재무 상태
- 모기업의 배당 압력

- 증자시 모기업의 출자여력
- 모회사의 실적부진시 자회사에 대한 재정지원 요청 가능성
- 모회사와의 영업상 시너지(Synergy) 효과
- 영업상 모회사와의 협조 관계

3. 보험회사의 운영상태(Operational Review)

회사의 전반적인 운영상태에 대한 평가는 회사의 경쟁력, 영업전략 등과 함께 인수계약에 대한 질적인 평가를 기본으로 하며 다음 사항에 대한 검토를 통하여 구체적인 평가가 이루어진다.

- 보험시장에 대한 지식 및 언더라이팅(Underwriting) 능력
- 모집 조직의 형태 및 효율성
- 인수계약의 종목별 구성
- 인수계약의 지역별 구성
- 시장 점유율 및 성장성
- 회사의 평판 및 지명도
- 경비지출의 효율성 및 규모의 경제성
- 신상품 개발 관련 기술 축적
- 보험계약에 대한 관리 능력

4. 회사의 경영진 구성(Management Review)

보험회사의 경영진은 회사의 경영 전반과 위험관리에 있어서 핵심적인 역할을 수행한다.

보험회사의 경영진의 역할은 회사의 성격과 문화를 규정하며

회사의 장단기 경영목표를 설정하고 경영목표를 달성하기 위한 핵심 전략을 마련하는 임무를 담당한다. 이와 같은 임무를 수행하는 경영진은 지식과 경험을 두루 갖춘 유능한 경영자들로 구성되어야 회사의 위험관리를 포함한 전반적인 경영 활동을 차질 없이 수행할 수 있게 된다.

회사의 장·단기 경영목표는 각종 재무적인 목표와 계획(Projection)으로 표시되며 이를 분석하는 도구로써 또한 여러 가지 재무적인 기준치들이 위험관리에 있어서 레버리지로 활용된다. 따라서 회사의 경영상태가 표시된 각종 재무제표는 항상 투명하게 작성되고 공개되어야 한다. 또한 재무제표 작성을 위한 보험회사의 회계도 항상 보수적이고 일관된 원칙하에서 이루어져야 한다. 회사의 경영진의 구성과 관련하여 또 다른 중요한 사항은 회사가 필요시 후계 경영진(Secondary Management)을 양성하여 새로운 경영진의 구성시에 경영공백이 없도록 순조로운 경영진의 교체가 이루어 질 수 있도록 해야 한다.

5. 보험회사의 지배구조(Corporate Governance Review)

보험회사의 지배구조는 회사의 의사결정 과정을 의미하며 회사 경영에 중요한 요소라고 하겠다. 보험회사의 지배구조는 주주, 직원 및 채권자 등 회사의 모든 이해관계인들과 조화로운 협조체제를 유지하고 발전시키는 기능에 기여하여야 한다. 회사 지배구조의 핵심인 이사회는 집행임원을 선임하고 회사의 경영 정책과 영업전략 등을 의결하며 회사의 사업계획과 재무 상태 등을 수시로 점검하는 한편 집행임원에 대한 보수도 결정한다. 회사는 또한 지배구조상 독립된 감사 위원회(Audit Committee)를 설치하여 회사의 경영에 대한 주기적이고 객관적인 감사기능을 수행하도록 한다.

제 3 절 보험회사의 재무 분석(Financial Review)

1. 재무분석 대상

보험회사의 지불능력 평가를 위한 가장 직접적이고 효과적인 방법은 당해 보험회사에 대한 재무 분석을 통하여 이루어진다. 보험회사의 재무 분석은 우선적으로 계량분석(Quantitative Exercise) 자료를 해석하고 판단하는 작업이 선행되며 이 작업과정에 여러 가지 재무 분석 관련 비율(Financial Ratio) 등이 산정되어 활용된다. 산정된 여러 가지 재무 분석 관련 비율은 업계의 표준이나 기타 정하여진 기준(Benchmark)과 상호 비교하여 평가가 이루어진다. 보험회사의 재무 분석에 활용되는 보험회사의 재무제표는 보험회사가 보험감독 당국에 제출하는 재무제표나 주주들에게 배포되는 회사의 재무 관련 자료 등이다. 이들 재무제표는 국제재무회계기준(International Financial Reporting Standard, IFRS)이나 또는 일반 공인 회계기준(GAAP)에 부합하는 재무제표를 기본 자료로 활용하며 기타 감사위원회에서 마련한 다양한 회계자료, 회사 경영진의 보고자료 및 보험계리인의 평가자료 등도 아울러 참고하게 된다.

보험회사의 재무제표상 자본계정은 매우 중요한 평가항목이지만 각 국가별로 동일한 기준에 의한 회계처리가 이루어지고 있지 않음으로 이를 국제적 기준에 적합하게 조정한 후에 평가가 이루어져야 한다. 보험회사의 재무 분석은 대체로 아래와 같은 부문을 대상으로 이루어진다.

- 언더라이팅 능력(Underwriting Quality)
- 수익성(Profitability)
- 투자 포트폴리오(Portfolio) 및 유동성(Liquidity)
- 미지급 보험금 적립액의 적정성(Loss Reserve Adequacy)
- 재보험의 활용(Reinsurance Utilization)
- 대형이재 위험(Catastrophe Risk)
- 자본의 적정성(Capital Adequacy)
- 재무적 탄력성(Financial Flexibility)

손해보험회사의 경우 위의 평가대상 부문 중 자본의 적정성(Capital Adequacy), 미지급 보험금 적립액의 적정성(Loss Reserve Adequacy), 언더라이팅 능력(Underwriting Quality) 및 수익성(Profitability)이 가장 중요한 평가항목이라 할 수 있다.

이들 평가대상 부문중 상호 중첩되는 부분이 있는 바 자본의 적정성(Capital Adequacy)과 수익성(Profitability)은 미지급 보험금 적립액의 적정성(Loss Reserve Adequacy)과 긴밀하게 상호 연계되어 있다고 하겠다.

2. 대상별 평가내용

가. 언더라이팅 능력(Underwriting Quality)

보험회사의 언더라이팅에 대한 평가는 일반적으로 각 보험 종목별 언더라이팅 과정을 살펴보고 인수위험의 내용과 함께 위험인수에 대한 규제 등을 파악하는 작업으로서 구체적으로 다음과 같은 항목들을 점검하게 된다.

- 각 보험 종목별 언더라이팅 경험 및 지식
- 투자수익을 감안한 언더라이팅 이익률
- 보험수리 면에서 가격책정에 대한 신뢰도
- 위험의 성격에 따른 언더라이팅 형태(Style)
- 경쟁체계와 보험감독체제 하에서 요율산정의 탄력성
- 자연재해 관련 대이재 위험 인수 정책
- 수입 보험료 증대와 언더라이팅 원칙 고수의 균형여부
- 제 3 자에 의한 언더라이팅에 대한 통제
- 보험클레임(Claim)에 대한 관리 및 전문지식
- 비용지출의 효용성 및 출재수수료의 적정성

언더라이팅 실적에 대한 평가는 손해율(Loss Ratio)과 비용률(Expense Ratio)을 합산한 합산비율(Combined Ratio)에 의하여 다음과 같이 여러 가지 형태로 이루어진다.

- 재보험 실적 감안 전, 감안 후
- 종목별, 시장별 실적과 전체 실적
- 회계년도, 계약인수년도(Calendar year, Underwriting year)별 실적

일반적으로 재산보험과 같은 보험사고 후 보험금지급이 빠른 보험종목(Short Tail Business)의 경우에는 투자수익을 감안하지 않으므로 100% 미만의 합산비율을 시현해야 정상이나, 책임보험과 같은 보험사고 발생 후 보험금이 확정되어 지급되기까지 장기간이 소요되는 보험종목(Long Tail Business)의 경우에는 합산 비율이 100%를 초과하더라도 투자수익을 감안하면 이익을 시현할 수 있다.

손해율(Loss Ratio)은 발생손해액(Incurred Loss)에 손해사정비용

(Loss Adjustment Expense)을 합한 금액을 경과보험료(Premium Earned)로 나누어 구한다.

손해율은 통상적으로 계약인수년도(Underwriting Year)를 기준으로 하나 필요시 회계년도(Calendar Year) 기준으로 산정하여 활용할 수 있다.

일반적으로 손보사의 경우 손해사정비용(Loss Adjustment Expense)은 지출비용 항목 중에서 가장 큰 부분을 차지하고 있다. 비용률(Expense Ratio)은 보험모집과 언더라이팅에 소요되는 비용수준을 표시하며 분모는 순 보유 보험료(Net premium)가 되나 간혹 수입보험료의 규모가 급격히 증가한 경우에는 소요비용의 급격한 증가가 발생함으로 분모가 수입보험료(Written Premium)가 되는 경우도 있다. 비용률(Expense Ratio)에 영향을 주는 요소로는 보험회사의 모집 체계(Distribution System)의 성격, 인수계약의 종류(Nature of the book), 지급수수료(Ceding Commission) 및 이익수수료(Profit Commission)의 수준 등이다.

나. 수익성(Profitability)

보험회사 수익의 원천은 언더라이팅 수익과 투자수익으로 보험회사의 수익성에 대한 평가는 수익의 원천과 규모를 파악하는 한편으로 수익성의 변화 가능성에 대한 검토가 그 내용이 된다.

보험회사의 운영수익(Operating Profit)은 합산비율(Combined Ratio)로 표시되는 언더라이팅 이익(Underwriting Profit)과 세전 투자수익(Pre Tax Investment Income)을 경과 보험료(Earned Premium)로 나눈 투자수익률을 합쳐서 평가하게 된다. 언더라이팅 이익(Underwriting Profit)은 수입 보험료에서 지급보험금과 미지급 보험금 적립액 및 사업경비를 공제한 후에 남는 금액이 되며 인수계약에 대한 보험료 수준에 의하여 결정적인 영향을 받는다.

투자수익은 보험회사의 투자영업에서 얻어지는 이자, 배당금 및 자본수익(Capital Gain) 등으로 투자수익의 규모는 투자자산의 배분(Investment Allocation) 전략과 수입보험료의 규모에 크게 영향을 받는다.

보험회사의 수익성에 대한 질적인 평가는 수입원천의 다양성과 함께 보험시장별 또는 보험 종목별 수입보험료의 구성이 다양할수록 보다 안정적인 수익성을 시현할 수 있게 된다.

보험회사의 수익성을 평가하는 또 다른 방법으로는 자산 수익률(Return on Assets, ROA), 총매출에 대한 수익률(Return on Revenue, ROR) 및 자본 수익률(Return on Equity and Surplus) 등을 종합적으로 분석하여 평가하는 방법이 있다.

다. 투자 포트폴리오(Portfolio)와 유동성(Investment/Liquidity)

보험회사의 투자 포트폴리오에 대한 분석을 통하여 회사가 부담하게 될 신용 위험(Credit Risk), 시장 위험(Market Risk) 및 유동성(Liquidity) 등을 평가할 수 있다. 투자 포트폴리오에 대한 분석에 앞서 과거 회사의 투자지침이나 경영상 필요에 의한 과거 투자 포트폴리오의 변동상황을 파악하는 것이 필요하다.

신용 위험에 대한 평가는 회사의 전체 투자 포트폴리오에서 차지하는 위험자산의 비율을 살펴보는 한편 투자 자산별 포트폴리오 구성 및 투자대상 업종별 포트폴리오 구성내용을 파악함으로써 특정 투자자산이나 대상 업종에 대한 집중 여부를 점검하게 된다.

시장 위험에 대한 평가는 주식 시장, 부동산 시장 및 이자율 등의 변동추세와 함께 투자자산가치의 변동 상황을 파악하는 한편 투자주식의 포트폴리오 및 유가증권이나 기타 투자자산의 미실현 이익이나 손실 등을 평가하는 작업을 통하여 이루어진다. 보험회사의 유동성에 대한 평가는 투자자산에 대한 시장성(Marketability)을 평가하는 것이 핵심내용으로서 재산보험(Property Insurance)과 같은 보험사고 후 보험금 지급이 빠른 보험종목계약(Short Tail Business)을 주로 인수하는 보험회사의 경우에는 투자자산의 유동성 확보가 매우 중요한 고려 요소라고 하겠으며, 특히 대형이재(Catastrophe Loss) 위험에 노출될 경우에는 클레임(Claim) 지급에 필요한 충분한 자금의 조달 문제가 매우 중요한 과제라 하겠다.

언더라이팅과 투자영업과 관련된 현금흐름(Cash flow)도 보험회사의 유동성을 판단하는 자료로 중요하게 활용된다. 보험회사의 유동성 평가에 활용되는 유용한 도구로써 또한 여러 가지 비율들이 활용되고 있는바 그 내용은 아래와 같다.

- 자본 잉여금(Surplus/Equity) 대비 투자 부적격 채권 비율(Non-Investment Grade Bond)
  - 채권에 대한 자본 잉여금의 위험도를 평가함.
- 자본 잉여금 대비 총 주식투자액 비율
  - 주식 투자액에 대한 자본 잉여금의 위험 노출상태를 평가함. 주식투자는 가격변동이 비교적 크기 때문에 위험도가 비교적 높음.
- 자본 잉여금 대비 자회사에 대한 투자액 비율
  - 자회사에 대한 지나친 투자는 유동성을 해치며 자본 잉여금의 변동성을 증대시킴.

- 현금 유동성의 비율(Cash Flow Ratio)
  - 일정 기간 동안 발생한 회사의 총 현금수입(Operating Cash Inflow)과 현금 지출(Cash Flow Outflow)의 비율로 동 비율이 100% 이상일 경우는 문제가 없으나 100% 미만시는 문제가 발생할 소지가 있다. 현금유동성 비율을 평가할 때는 절대금액 기준에 의한 평가와 함께 현금유동성의 변화추세(Trend)도 함께 고려하여 평가할 필요가 있다.

    보험회사가 보험료 수입증대를 위주로 언더라이팅(Cash Flow Underwriting) 정책을 추구할 경우에는 수입 보험료 규모의 증가와 현금흐름(Cash Flow)에 대한 상호 관련성을 주의 깊게 관찰할 필요가 있다.

- 유동자산 대비 부채비율(Liquid Assets to Liability)
  - 현금, 채권 및 기타 단기 투자자산의 비율이 회사의 부채와 비교하여 높은 수준인 경우에는 유동성이 좋은 상태라 할 수 있다.

- 투자 수익률(Investment Yield)
  - 회기 초와 회기 말의 투자 자산 대비 투자 수익을 평균하여 투자 수익률을 구하며 높은 투자수익률은 높은 유동성을 나타낸다.

라. 미지급 보험금 적립액의 적정성(Loss Reserve Adequacy)

보험회사의 지급능력 평가를 위한 재무 분석에서 매우 중요한 부문이 미지급 보험금 적립액(Loss Reserve)이 향후에 지급될 보험금에 대한 재원으로서 충분한 수준을 유지하고 있느냐를 평가하는 것이다. 미지급 보험금 적립액의 적정성 여부를 평가하기 위해서는 이와 관련된 여러 가지 데이터(Data)와 정보가 필요하다. 특히 회사의 언더라이팅 정책, 인수계약의 구성(Business Mix), 클레임(Claim) 관리 및 재보험 운영 등에 대한 관련 데이터나 정보를 보험감독 당국에 제출된 공식 서류나 회사 경영진에게 보고되는 회사의 내부자료 등을 통하여 수집하여 이를 분석에 활용할 수 있다.

미지급 보험금 적립액의 적정성 여부를 평가하기 위해서는 아래와 같은 항목에 대한 검토가 필요하다.

- 외부의 독립된 보험계리사의 미지급 보험금 적립액에 대한 검토 보고서(Actuarial Studies)
- 미지급 보험금 적립액의 적정성 평가에 대한 과거의 기록 검토
- 지급 보험금(Paid Loss), 발생 손해액(Incurred Loss) 및 기발생 미보고 손해액(IBNR) 등으로 구분된 미지급 보험금 적립액의 비율 검토
- 클레임(Claim) 처리 및 보고절차와 회계 반영 절차상의 효율성 검토
- 업계의 평균 적립액 비율 및 동종 보험회사의 적립액 비율과의 상호 비교
- 미지급 보험금 적립액에 영향을 미치는 재무 재보험(Financial Reinsurance)의 체결, 운영 여부 검토

미지급 보험금 적립액(Loss Reserve)의 적정성 여부를 평가할 목적으로 아래와 같은 각종 비율들이 사용되고 있다.

- 전년 대비 미지급 보험금 적립액(Loss Reserve) 변동률
  - 과거 미지급 보험금 적립액(Loss Reserve)에 대한 적정성(Historical Accuracy) 검토 및 평가

• 자본 잉여금에 대한 미지급 보험금 적립액의 변동비율(Reserve development to Surplus/Equity)
  - 전년도 자본 잉여금에 대한 미지급 보험금 적립액(Loss Reserve)의 변동 금액을 파악함으로써 미지급 보험금 적립액의 과소적립이나 과대적립(Reserving Error)으로 인한 자본 잉여금의 변동 사항을 검토

• 경과 보험료에 대한 미지급 보험금 적립액의 변동 비율(Reserve Development to Earned Premium)
  - 경과 보험료에 대한 미지급 보험금 적립액의 변동 비율을 검토함으로써 전년도 적립액의 증감이 금년도 손해율에 미치는 영향을 평가

마. 재보험의 활용(Reinsurance Utilization)

보험회사가 재보험 계약을 체결하고 운영하는 목적은 회사의 자본금을 대형이재 등으로부터 적절하게 보호하는 한편 보험회사의 언더라이팅에서 유래하는 고유위험을 분산시키기 위한 것으로 결국 보험회사의 자본과 수익에 영향을 미칠 수 있는 위험들을 감소시키기 위한 방어적인 수단으로써 재보험이 활용된다. 보험회사의 지불능력이나 경영성과에 부정적인 영향을 주는 중요한 현안문제를 은폐하거나 또는 지연시키기 위한 목적으로 운영되는 금융재보험(Financial Reinsurance) 계약 등은 보험회사의 입장에서 결코 바람직하다고 볼 수 없다. 보험회사는 자사가 부담해야 하는 위험을 분산시키기 위하여 운영하는 재보험 계약이 회사의 수익성과 경영의 안정성을 제고시킬 수 있는지 여부를 파악하기 위하여 아래 사항에 대한 점검이 필요하다.

- 재보험 계약상 담보금액과 담보형태가 회사의 보유위험의 성격에 부합하고 적정한 것인지 여부
- 재보험 담보에 소요되는 비용이 회사의 수익성을 저해하고 요율 경쟁력을 약화시킬 수 있는 비경제적인 요소가 있는지 여부
- 필요 시 추가 재보험 담보의 구득 가능 여부
- 대이재를 담보하는 재보험 계약(Property Catastrophe Reinsurance)을 대체하거나 또는 보완하기 위하여 대이재 담보 채권(Catastrophe Bond) 이용 시에 방어적인 성격의 재보험인지 여부와 함께 이에 따른 신용위험(Credit Risk)에 대한 검토
- 비례재보험 계약(Quota Share Reinsurance)상 지나친 출재 등과 같은 공격적인 재보험 운영에 따른 잠재위험의 증가여부
- 보험회사의 각종 적립금 계정이나 자본계정상 분식회계를 위한 목적으로 체결, 운영되는 금융재보험(Finite Reinsurance) 계약의 존재 여부

보험회사의 재보험 출재와 관련하여 발생할 수 있는 재보험금의 회수불능사태 등을 사전에 예방하기 위하여 보험회사는 재보험자에 대한 신용위험(Credit Risk)을 항상 평가하고 이에 적절히 대비하는 것이 필요하다. 과거의 재보험 거래에서 재보험금 지급에 문제가 없는 재보험자와의 재보험 거래가 안정적이라고 할 수 있으며 재보험자의 재보험금 지급을 보장하는 신용장(Letter of Credit)의 개설이나 신탁기금(Trust Fund)의 설치와 같은 안전장치의 강구도 아울러 필요하다고 하겠다.

특히 책임보험(Casualty Insurance)과 같은 보험사고 발생 후 보험금이 확정되어 지급되기까지 장기간이 소요되는 보험종목(Long Tail Business)에 대한 재보험 계약을 체결하는 경우에는 재보험자의 재보

험금 지급의무가 장기간에 걸쳐 지속됨으로 재보험자의 선정에 매우 신중한 판단이 요구된다.

비교적 큰 규모의 담보력으로 국제적인 재보험 거래를 수행하는 재보험회사나 또는 재보험 풀(Pool) 및 재보험그룹(Group) 등에 대한 재보험 출재는 재보험금 회수와 관련하여 회수불능 위험이 비교적 적다고 하겠다.

바. 대형이재 위험(Catastrophe Risk)

지진과 같은 자연재해 등으로 발생하는 재산보험(Property Insurance)의 손해는 대형이재 위험(Catastrophe Risk)에 노출되는 경우가 많기 때문에 보험회사가 대형이재에 대한 위험관리를 위하여 전통적인 방법에 의한 위험분석과 더불어 최근 개발되어 보다 널리 활용되고 있는 대이재 모델(Catastrophe Model)과 같은 새로운 위험분석 모델을 이용하여 보험회사의 자본금과 대이재 위험의 상관관계를 좀더 심층적으로 분석함으로써 보험회사가 대이재 위험에 적절히 대처할 수 있다.

대이재 모델링 작업(Catastrophe Modelling)에서는 회사 보유계약 위험의 질적 구성(Risk Portfolio)에 대한 분석과 지역별 위험의 집중도 및 과거의 이재실적 등에 대한 검토가 필수적이다.

사. 자본의 적정성(Capital Adequacy)

보험회사 자본의 적정성에 대한 분석은 소유자본 모델링(Proprietary Capital Modelling)을 비롯하여 보험회사가 자체로 개발한 별도 모델 및 보험감독 당국에서 활용하고 있는 지불능력 비율(Solvency Ratio) 등을 종합적으로 고려하여 적정자본금을 도출한다.

적정자본금에 대한 평가는 각 보험회사를 대상으로 해서 이루어지나, 그룹사의 경우에는 그룹사 전체를 대상으로 하여 이루어지기도 한다. 자본의 적정성에 대한 분석에는 보험회사의 언더라이팅 위험(Underwriting Risk), 미지급 보험금 적립액의 적정성에 대한 위험(Reserve Risk), 대형이재 위험(Catastrophe Exposure), 자산 위험(Assets Risk) 및 신용 위험(Credit Risk) 등을 각각 분석하고 평가한 후에 그 결과를 종합하여 평가하게 된다.

회사의 언더라이팅과 관련하여 자본의 적정성을 평가하는 기준으로 보유 보험료(Net Premium)에 대한 자본 잉여금(Surplus/Equity)의 비율로 표시되는 운영 레버리지(Operating Leverage)가 있다. 이는 인수계약의 요율이 적정하지 않을 경우에 회사의 자본 잉여금(Surplus/Equity)에 미칠 수 있는 영향을 평가하여 추가로 소요되는 자본금의 규모를 파악하기 위한 것이다. 일반적으로 책임보험(Casualty Insurance)과 같은 보험사고 발생 후 보험금이 확정되어 지급되기까지 장기간이 소요되는 보험종목계약(Long Tail Business)을 인수하거나 회사의 보유위험 포트폴리오(Portfolio)상에 대이재 위험에 대한 노출이 비교적 클 경우에는 인수계약과 관련하여 요율의 적정성에 대한 위험도(Pricing Error)가 증가함으로 운영 레버리지(Operating Leverage)가 커지게 된다.

자본의 적정성을 평가하는 또 다른 기준으로 순 레버리지(Net Leverage)와 총 레버리지(Gross Leverage)가 있으며, 순 레버리지는 아래와 같은 방법으로 평가한다.

보유 보험료(Net Premium)와 당해년도의 총 부채(Liability)를 합한 금액에서 재보험 출재계약에 해당하는 부채를 공제한 후에 이를 자본 잉여금(Surplus/Equity)으로 나누어 계산한다. 즉,

$$\frac{\text{보유 보험료} + \text{당해년도 총 부채} - \text{재보험 출재부채}}{\text{자본 잉여금}}$$

이는 언더라이팅 영업상 요율의 부적정(Pricing Error)과 미지급 보험금 적립상의 부적정(Reserve Error)에 대한 자본 잉여금의 위험도를 평가하기 위한 것으로써 일반적으로 보험사고 발생 후 보험금이 확정되어 지급되기까지 장기간이 소요되는 보험종목계약(Long Tail Business)을 인수하는 보험회사의 경우에는 보험사고 후 보험급 지급이 빠른 보험종목계약(Short Tail Business)을 인수하는 보험회사에 비하여 책임준비금 적립액(Premium & Loss Reserve) 규모의 차이로 인하여 레버리지 비율(Leverage Ratio)이 높게 나타난다. 총 레버리지(Gross Leverage)는 순 레버리지(Net Leverage)와는 달리 재보험 출재계약에 대한 책임까지 포함한 개념으로 순 레버리지가 나타내는 요율의 적정성에 대한 위험(Pricing Error) 및 책임준비금 적립과 관련된 위험(Reserve Error)에 더하여 재보험금 회수불능 위험(Credit Risk)까지 감안한 소요자본금을 파악한 후 자본의 적정성 여부를 평가하기 위한 것으로서 아래와 같은 방식으로 계산한다.

$$\frac{\text{총 수입 보험료(재보험료 포함)} + \text{총 부채(재보험 출재분에 대한 부채포함)}}{\text{자본 잉여금}}$$

총 레버리지의 경우에도 보험사고 발생 후 보험금이 확정되어 지급되기까지 장기간이 소요되는 보험종목계약을 인수하는 보험회사의 레버리지 비율이 보험사고 후 보험급 지급이 빠른 보험종목계약를 인수하는 보험회사에 비하여 높게 나타난다.

아. 재무적 탄력성(Financial Flexibility)

보험회사가 회사의 내부 또는 외부로부터 필요한 자금을 조달할 수 있는 능력에 대한 평가가 재무적 탄력성(Financial Flexibility)이다.

보험회사가 경영상황이 순조로운 호황기에는 적정 자본 잉여금의 수준을 유지하면서 회사의 성장에 필요한 추가 자본 마련을 위한 자금조달을 통하여 회사의 가치(Franchise Value)를 높일 수 있다. 또한 회사의 경영여건이 좋지 않은 불황기에는 필요한 자금을 자본시장에서 조달하기 위해서는 회사가 양호한 재정상태와 좋은 평판 이외에 회사에 대한 투자자들의 신뢰 확보가 무엇보다도 중요하다고 하겠다. 재무적 탄력성을 평가하기 위한 방법으로는 자본금에 대한 조달자금의 비율(Ratio of Debt to Equity) 등이 이용되며 조달자금의 상환시기 및 상환금액 등을 파악하여 자금 재조달(Refinancing)에 대한 위험 분석과 대책 마련이 필요하다고 하겠다.

3. A.M. Best사의 BCAR Test

보험회사에 대한 지불능력을 평가하기 위하여 미국의 신용평가사인 A.M. Best사가 개발하여 사용중인 BCAR Test 역시 보험회사의 위험관리와 관련하여 여러 가지 시사점을 우리에게 제시하고 있다.

BCAR Test의 대상은 보험회사의 언더라이팅(Underwriting Leverage), 재무 상황(Financial Leverage) 및 회사의 자산 상태(Assets Leverage)에 대한 분석을 통하여 해당 보험회사가 지불능력을 유지하기 위하여 필요한 자본 소요를 파악하는 것이다.

언더라이팅(Underwriting Leverage) 부문에 대한 평가를 위한 검토대상은 보험회사의 수입보험료의 규모 및 인수계약 포트폴리오의 구성, 미지급 보험금 적립액 및 재보험 프로그램 등이다.

보험회사의 재무 상황에 대한 평가를 위한 검토대상은 회사부채의 규모와 형태, 재무적 재보험 프로그램의 운영여부 등이며 그룹에 속하는 보험회사의 경우에는 모회사의 재무 상태도 평가에 포함된다.

회사의 자산상황에 대한 평가와 관련한 검토대상은 회사의 총 자본 잉여금에 대한 투자자산의 비율, 이자율 및 회사의 신용 위험(Credit Risk) 등이다.

BCAR Test도 미국의 보험감독관 협회(National Association of Insurance Commissioner)에서 사용하고 있는 각 부문별 위험에 충당할 수 있는 자본금의 개념(Risk Based Capital Calculation)에 대한 분석 작업을 거쳐 그 결과를 계량화한 공식을 통하여 보험회사의 적정 자본금을 산출한다.

Chapter 2

보험회사의 지불능력 (Solvency) 평가제도

제 1 절 주요국의 지불능력 평가제도

1. 미 국

미국의 보험감독관 협의체인 NAIC(National Association of Insurance Commissioners)는 보험회사의 지불능력 평가를 위한 시스템으로 "위험연계자본"(Risk Based Capital, RBC)에 기초한 보험감독정보제도(Insurance Regulatory Information System, IRIS)라는 것을 운영하고 있다. 미국의 보험감독관협회(NAIC)는 공식적인 정부 기구는 아니지만 선출직이거나 또는 임명직인 각 주의 보험감독관으로 구성된 일종의 협의체로서 미국 내 보험회사에 대한 보험감독과 관련된 통일적인 감독지침이나 규정 등을 표준법안(Model Law)의 형식으로 제정하여 각 주의 보험감독관들에게 이를 시행하도록 하고 있다. 보험감독정보제도(IRIS)에서는 미국 내 보험회사가 해당 주의 보험감독 당국에 제출한 공식적인 재무 보고서를 근거로 보험회사의 전반적인 재무상태를 평가할 수 있는 핵심적인 12가지의 비율(Ratio)을 구하여 보험회사의 지불능력을 평가하고 있다. 보험감독정보제도(IRIS)의 평가 항목 중에 4~5개 이상의 항목에 대한 비율(Ratio)이 정상적인 범위를 벗어난 보험회사의 경우에는 보험감독 당국의 집중적인 모니터링 대상이 된다.

각 국의 보험감독 당국이나 신용평가기관들은 각기 다른 목적이나 필요에 의하여 보험회사에 대한 지불능력을 평가하여 이를 공표하고 있다. 각 국의 보험감독 당국이 실시하는 보험회사에 대한 지불능력(Solvency) 평가는 자국 내 보험 소비자인 보험계약자 보호를 목적으로 하고 있으며 따라서 다소 엄격하고 절대적인 기준에 의하여 보험회사가 당면하고 있는 각종 위험에 상응하는 자본 소요량을 파악하고 이를 근거로 보험회사의 지불능력을 평가하는데 비하여 A.M. Best사나 S&P사와 같은 신용평가기관들은 보험회사의 자본 소요량 등 재무적인 분석과 함께 다른 평가요소를 감안하여 보험회사의 지불능력을 평가하고 있는 점이 특징이라고 하겠다.

각 국의 보험감독 당국에서 채택하고 있는 "위험연계자본"(Risk Based Capital)의 개념은 보험회사가 항상 당면하고 있는 두 가지의 기본적인 위험이라고 할 수 있는 언더라이팅 위험(Underwriting Risk)과 자산가치 변동에 대한 위험(Asset Realization Risk)에 대한 구체적인 위험 요소들을 파악하고, 이들 위험에 상응하는 자본 소요량을 평가하는 것이라고 할 수 있다.

2. 캐 나 다

캐나다의 보험감독은 Dynamic Capital Adequacy Test(DCAT)를 개발하여 보험회사의 지불능력을 평가한다. DCAT는 캐나다의 보험감독 당국에서 정한 "위험연계자본"(Risk Based Capital) 기준을 적용한 테스트 모델(Stress Testing Model)로서 캐나다의 보험당국은 1990년대 중반부터 이를 활용하여 보험회사의 자본에 영향을 미칠 수 있는 여러 가지 요인들을 상정하여 적정 자본금의 수준을 평가하게 된다. 테스트 결과 보험회사의 재무상태에 결정적인 영향을 줄 수 있는 위험에 대하여는 보험 계리사의 의견을 첨부하여 이를 자세하게 보험감독 당국에 보고하도록 조치하고 있다.

3. 유럽 연합(EU)

유럽 연합은 유럽 연합 내에 소재한 보험회사에 대한 감독 시스템으로 보험회사의 지불능력 평가 모델인 Solvency Ⅰ을 2002년 3월에 채택하여 2004년 1월 1일부터 사용하고 있다. Solvency Ⅰ의 각종 지침들은 기존의 보험감독 규정을 기초로 하여 약간의 수정을 거친 것으로 최저 자본금 계산시에 총 수입 보험료의 일정 비율을 적용하여 최저 자본금을 계산한 후에 총 보험 손해액에 대한 보유 손해액의 비율을 적용하여 이를 조정하는 방식을 채택하고 있다.

최근 유럽 연합에서는 보다 진전된 보험감독 제도로서 보험회사의 적정 자본 소요량을 평가하는 새로운 기준인 Solvency Ⅱ를 준비하고 있으며 Solvency Ⅱ의 유효성을 입증하기 위한 여러 가지 테스트를 현재 시행하고 있는 중이다.

4. 영　국

영국에서는 2004년 9월에 금융감독 당국인 FSA(Financial Supervisory Authority)에서 손해 보험회사의 "위험연계자본"(Risk Based Capital)과 스트레스 테스트(Stress Testing)에 대한 감독 지침인 Consultation Paper 190(CP 190)을 공표하였다. 동 지침은 영국 내 보험회사들에게 다음과 같은 각종 위험에 대한 스트레스 테스트(Stress Testing)를 요구하고 있다.

- 신용 위험(Credit Risk)
- 투자 자산의 가격변동에 대한 시장 위험(Market Risk)
- 비효율적인 경영 시스템과 통제에 대한 위험(Operational Risk)
- 보험 영업상의 위험(Insurance Risk)
- 기타 각종 사업상 위험(Business Risk)

제 2 절　주요 신용평가기관의 지불능력 평가제도

1. A.M. Best사

주요 신용평가 회사인 A.M. Best사는 보험회사의 지불능력 평가를 위하여 자사가 개발한 Best's Capital Adequacy Ratio(BCAR)을 활용하고 있다.

A.M. Best사가 보험회사의 지불능력 평가를 위하여 사용하고 있는 기본 데이터는 당해 보험회사가 보험감독 당국에 제출하는 공식적인 회계 보고서와 함께 동사가 자체적으로 준비한 질문서인 Supplemental Rating Questionnaire(SRQ)의 자료를 사용하고 있다.

A.M. Best사는 보험회사의 경영과 관련된 위험을 크게 투자 위험(Investment Risk), 이자율 위험(Interest Rate Risk), 신용 위험(Credit Risk), 미지급 보험금 적립 위험(Reserve Risk), 보험요율 위험(Premium Risk) 등으로 구분하여 평가하고 있다. A.M. Best사는 보험회사의 지불능력 평가와 관련된 소요자본의 평가 시에 평가 대상 회사의 특성을 고려하여 상당한 조정이 이루어진다.

2. Standard & Poor's 사

Standard & Poor's 사(S&P)도 보험회사의 재무 건전성에 대한 평가를 위하여 동사가 개발한 Capital Adequacy Ratio(SPCAR)를 이용하고 있다.

S&P사가 개발한 Capital Adequacy Ratio에 의한 보험회사의 지불능력 평가 방법은 미국의 보험감독관 협의회(NAIC)와 A.M. Best 사의 BCAR과 개념상 매우 유사하나 보증기금(Guarantee Fund) 평가에 대한 위험을 추가적인 평가요소로 하는 한편 대이재 위험(Catastrophe Exposure)에 대한 평가에 있어 조정(Adjustment)을 인정하지 않는다는 점이 특징이라 하겠다.

제 3 절 새로운 지불능력 평가제도

1. 보험회계 제도의 개편

보험의 증권화(Securitization) 등 금융시장에서 금융상품의 통합화 추세에 따라 전통적인 보험상품과 여타 유사한 금융상품과의 구분이 점차 모호해지고 있다.

이와 같은 상황에서 보험계약에 대한 새로운 정의와 함께 기존 보험회계 처리 규정에 대한 검토를 거쳐 국제회계기준위원회(International Accounting Standard Board, IASB)에서 보험계약에 적용되는 새로운 회계 규정인 국제재무회계기준(International Financial Reporting Standard 4, IFRS 4)이 제정되어 2005년 1월 1일부터 유럽 연합(EU)에서 사용되고 있다. 미국에서도 미국재무회계위원회(U. S. Financial Accounting Standard Board)에서 보험계약을 정의할 수 있는 새로운 기준을 마련하고, 국제회계기준위원회(IASB)에서 제정한 국제적인 보험회계 규정의 채택을 위한 사전 정지작업을 진행하고 있다.

미국뿐만 아니라 일본과 홍콩 등에서도 새로운 국제회계기준위원회(IASB)의 보험회계 기준이 일반회계 기준과 부합되지 않는 부분에 대한 검토를 진행한 후에 필요한 조정을 거쳐 이를 시행하려는 계획을 갖고 있다. IFRS 4의 전면적 시행을 위한 사전 조치로는 보험계약에 대한 명확한 정의가 필요하고 보험책임(Insurance Liability)의 평가에 대한 통일된 기준 마련이 선행되어야 한다. 보험책임 평가와 관련하여 영국, 프랑스, 독일, 일본, 한국 등에서는 다른 나라들과는 달리 비상위험 적립금(Prefunded Catastrophe Fund)을 임의 적립금(Voluntary Reserve)으로 인정하고 있는 사례 등이 전형적인 예라 하겠다.

2. 유럽 연합의 새로운 지불능력 평가제도

2008년의 전세계적인 금융위기 이후에 금융시장에 대한 보다 효율적인 규제 및 감독에 대한 요구가 거세게 일고 있다.

이와 관련하여 유럽 연합(EU)에서는 2004년 1월 1일부터 사용하고 있는 보험회사에 대한 지불능력 평가제도인 Solvency Ⅰ의 비효율성과 부분적으로 미진한 점을 보완하여 보다 새롭고 획기적인 감독제도인 Solvency Ⅱ를 제정하고 상당한 준비기간을 거쳐 2014년 시행을 앞두고 있다. EU의 집행기구인 European Commission은 2007년 Solvency Ⅱ의 기본지침을 규정한 법안을 EU의회(European Parliament)에 송부하였고 EU의회는 2009년 4월에 이를 승인한바 있다.

Solvency Ⅱ는 유럽 연합(EU) 내에 소재한 보험회사에 대한 지불능력 평가를 위한 새로운 제도이나 이를 계기로 전세계적인 보험 규제 및 감독에 대한 통합화가 추진될 것으로 예상하고 있다.

Solvency Ⅱ도 Solvency Ⅰ과 같이 "위험연계자본" Risk Based Capital이라는 기본 개념에 근거하고 있으나 보험회사에 대한 지불능력 평가와 보험회사의 위험관리와 관련하여 전략적 활용도가 매우 높은 획기적인 제도라고 하겠다.

Solvency Ⅱ는 보험계약자 보호를 위한 세 가지의 기본적인 기능의 수행을 목적으로 하고 있다. 첫째는 보험회사의 경영과 관련된 주요 위험인 자산 위험(Assets risk), 보험계약 인수에 따른 위험(Underwriting risk) 및 미지급 보험금 적립액의 평가에 따른 위험 등을 담보할 수 있는 자본소요액을 파악한 후에 현재의 자본상태가 이에 미달할 경우에 보험감독 당국이 이에 대하여 적절한 조치를 취할 것을 요구하고 있으며, 둘째는 보험회사의 의사결정에 따르는 제반 위험요소들을 감안하여 적합한 기업 지배구조(Corporate governance)를 유지하는 한편 자체적인 위험관리를 통하여 지불능력(Solvency) 확보를 위한 선제적인 대응을 주문하고 있다(Own Risk & Solvency Assessment, ORSA). 셋째는 보험소비자를 위하여 보험회사의 지불능력(Solvency)에 대한 공시를 확대하는 한편 보험그룹에 대한 규제 및 감독이 보다 효율적으로 이루어지도록 하고 있다.

Solvency Ⅱ의 도입은 보험회사의 재무 회계상 투명성이 제고되고 장기적으로는 각 국의 상이한 보험회계 제도의 통합을 촉진시키는 계기를 제공할 것으로 전망된다.

Solvency Ⅱ의 시행과 관련하여 EU 소재 보험회사와 재보험회사들은 동 규정에서 정한 제반 사항에 근거하여 자체의 평가모델을 만들어서 보험감독 당국의 승인을 득한 후에 이를 사용하는 방법과 함께 보험감독 당국에서 제공하는 표준모델을 사용하는 방법이 있다.

Solvency Ⅱ의 시행에 소요되는 EU 소재 보험회사들의 추가적인 비용 부담에도 불구하고 동 제도의 시행으로 보험회사의 재무 건전성이 전반적으로 향상되고, 과학적인 위험관리를 통하여 보험회사의 자본 배분과 활용이 보다 효과적으로 이루어질 것으로 예상된다.

한편 Solvency Ⅱ의 시행으로 보험회사의 위험관리 차원에서 재보험 거래가 더욱 활성화되고 재보험회사 간에 인수합병이 더욱 촉진되며, 재보험 담보력의 확충을 위한 보험연계증권(Insurance-Linked Security) 시장이 더욱 활성화될 것으로 예견된다.

Chapter 3

재보험의 미지급 보험금

제 1 절 미지급 보험금 적립액(Loss Reserve)의 적정성 문제

보험회사의 재무제표상 가장 중요하고 큰 비중을 차지하고 있는 항목이 미지급 보험금 적립액 계정이다.

미지급 보험금 적립액은 이미 발생한 보험사고 클레임(Claim)에 대한 보험금 지급을 위한 재원으로 보험회사의 대차대조표상 부채계정에 계상되어 있는 적립액을 말한다.

보험회사의 지불능력 평가와 관련하여 대차대조표상 부채계정에 계상되어 있는 미지급 보험금 적립액이 향후에 지급될 보험금의 재원으로서 부족함이 없도록 충분하고 적정한 수준을 유지하는 것은 보험회사에게 무엇보다도 중요한 과제라고 하겠다.

미지급 보험금 적립액의 적정성이 확보되어야만 보험회사는 보험의 원가에 해당하는 최종 클레임 비용(Claim Cost)을 어느 정도 파악할 수 있고, 이는 또한 보험가격에 해당하는 보험료의 적정성 문제와도 직결되어 있기 때문에 미지급 보험금 적립액의 적정성 문제는 보험회사의 경영에 있어서 매우 중요한 과제라고 하겠다.

보험회사의 미지급 보험금 적립액은 다음의 두 가지 항목으로 구성되어 있다.

- 보험회사에 통보된 보험사고 클레임에 대한 미지급 보험금 적립액
- 보험사고가 발생했으나 보험회사에 통보되지 않은 클레임에 대한 미지급 보험금 적립액(Incurred But Not Reported, IBNR)

일반적으로 보험사고 후 보험금 지급이 빠른 보험종목계약(Short Tail Business)에 해당되는 화재 보험(Fire Insurance), 기계 보험(Engineering Insurance), 선박 보험(Hull Insurance) 및 적하 보험(Cargo Insurance) 등과 같은 재산 보험(Property Insurance)의 경우에는 보험사고 발생 후 손해 사정(Claim Survey)을 거쳐 보험금이 확정되는데 그다지 긴 시간이 소요되지 않는데 비하여 보험사고 발생 후 보험금이 확정되어 지급되기까지 장기간이 소요되는 보험종목(Long Tail Business)인 책임보험(Casualty Insurance)의 경우에는 보험사고가 발생한 후에 보험금이 확정되기까지는 일반적으로 장기간이 소요된다. 특히 제3자인 피해자의 사망이나 상해와 관련된 신체사고(Third Party Bodily Injury)를 보상하는 자동차 배상책임 보험(Auto Liability Insurance), 일반 배상책임 보험(General Liability Insurance), 근로자 재해 보상 보험(Workers Compensation Insurance) 및 의료과실 배상책임 보험(Medical Malpractice Liability Insurance)의 경우에는 피해자의 상해치료 및 요양 등에 장기

간이 소요되는 한편 대개의 경우 법률소송 등에 의하여 클레임(Claim)이 처리되기 때문에 보험사고 발생 후에 보험금이 확정되어 지급되기까지는 상당한 기간이 소요됨으로 전형적인 형태의 Long Tail Business에 해당된다.

특히 재보험 계약상 보상되는 재보험 클레임의 재보험자에 대한 통보는 원보험 계약상 클레임 통보와 비교할 때 더욱 지연되는 현상을 보이고 있기 때문에 재보험 계약에서 유래하는 미지급 보험금 적립액의 적정성 유지라는 문제는 원보험 계약과 함께 재보험 계약을 인수하는 보험회사의 입장에서는 무엇보다도 중요하면서도 어려운 과제라 하겠다.

다음은 미국 재보험 협회(Reinsurance Association of America, RAA)에서 2001년도에 발표한 미국 보험업계의 자동차 배상책임 보험(Auto Liability Insurance), 일반 배상책임 보험(General Liability Insurance), 의료과실 배상책임 보험(Medical Malpractice Liability Insurance) 및 근로자 재해보상 보험(Workers Compensation Insurance)의 보험사고 클레임 금액의 진전추이(Development Pattern)에 대한 자료이다.

	보험사고 발생 초년도 (1st Year)		보험사고 발생 후 4차년도 (4th Year)	
보험 종목	재보험	원보험	재보험	원보험
자동차 배상책임	26%	74%	84%	98%
일반 배상책임	7%	34%	52%	80%
의료과실 배상책임	5%	47%	56%	96%
근로자 배상책임	12%	57%	41%	88%

위의 표에서 보는 바와 같이 재보험 계약의 클레임 통보가 원보험 계약의 클레임 통보에 비하여 많이 지연되고, 따라서 재보험 계

약의 클레임 금액의 진전 추이가 더디게 나타나는 주요 원인은 다음과 같은 사실에 기인한다.

- 초과 손해액 재보험(Excess of Loss Reinsurance) 계약의 경우에 출재회사의 보유 손해액(Retention/Excess Point)을 초과하는 클레임은 상당기간이 경과된 후에야 비로소 파악이 가능하고,
- 출재회사가 클레임 전액을 부담하는 출재회사의 보유 손해액(Retention/Excess Point) 미만의 클레임이 상당한 부분을 점하고 있으며,
- 재보험 계약 조건상 보상에서 제외되는 많은 클레임이 원보험 계약에서는 상당 부분 담보되고 있기 때문이다.

다음 4개의 표는 2001년에 미국 재보험 협회(Reinsurance Association of America, RAA)에서 발표한 미국 보험회사의 자동차 배상책임 보험(Auto Liability Insurance), 일반 배상책임 보험(General Liability Insurance), 의료과실 배상책임 보험(Medical Malpractice Liability Insurance) 및 근로자 재해보상 보험(Workers Compensation Insurance)의 원보험 클레임과 재보험 클레임의 진행 패턴을 10년간에 걸쳐 보여주고 있다.

미국 재보험협회(RAA)가 취합한 자료에 따르면 지진이나 허리케인과 같은 대이재를 담보하는 재산보험 초과손해액 재보험 계약(Property Catastrophe Excess of Loss)과 관련된 대부분의 보험손해는 사고발생 후 2년 내에 재보험자에게 통보되는 것으로 나타나 있다. 따라서 이와 같이 대이재를 담보하는 재산보험의 재보험 계약에서는 책임보험의 경우와는 달리 보험사고가 비교적 빠른 시일 내에 재보험자에게 통보되므로 재보험자의 입장에서는 미지급 보험금의 산정에 커다란 문제는 없다고 하겠다.

원보험 및 재보험 손해 진전 추세 (자동차 배상책임 보험)

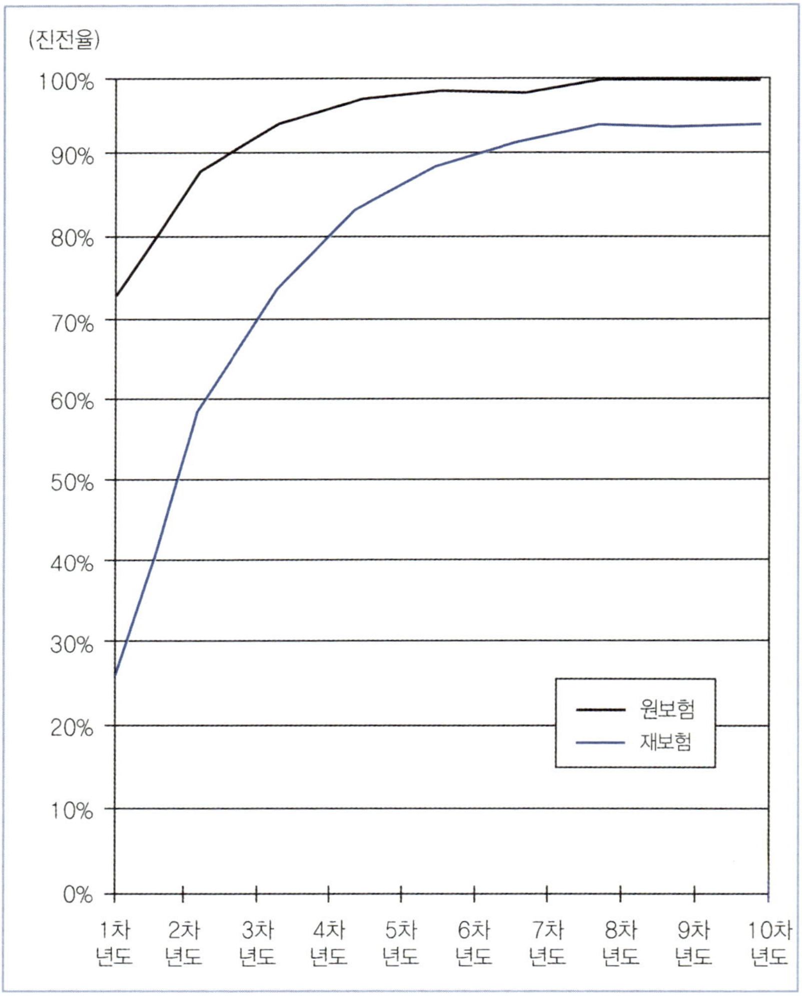

자료출처: RAA Historical Loss Development Study, 2001 Edition.

원보험 및 재보험 손해 진전 추세 (일반 배상책임 보험)

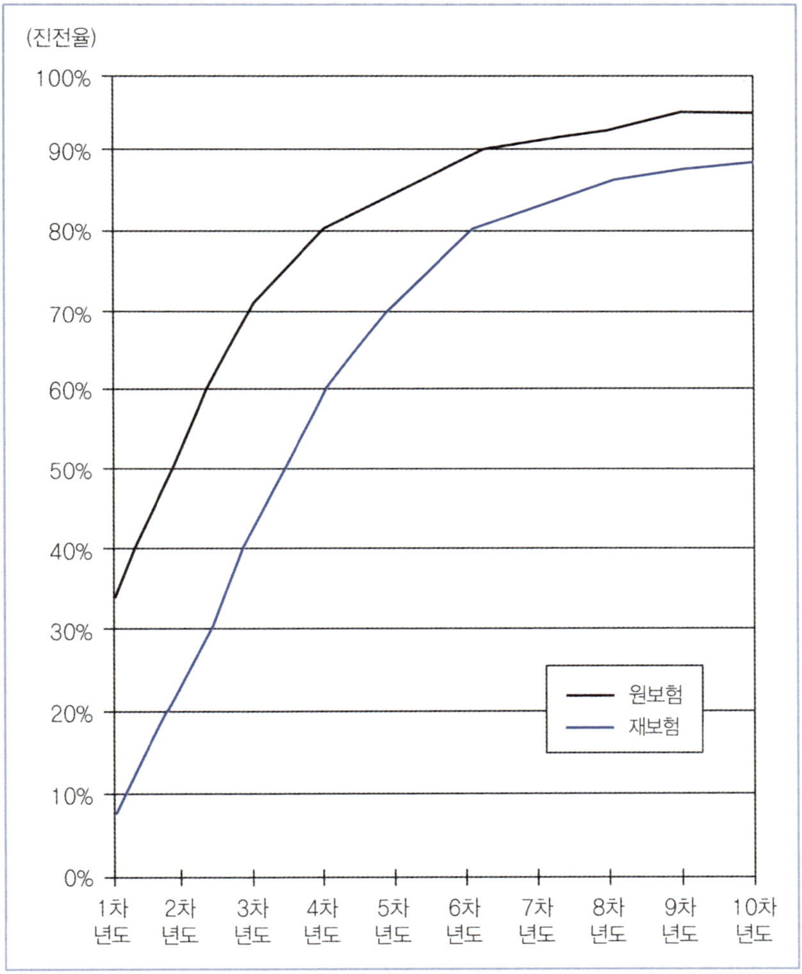

자료출처: RAA Historical Loss Development Study, 2001 Edition.

원보험 및 재보험 손해 진전 추세 (의료과실 배상책임 보험)

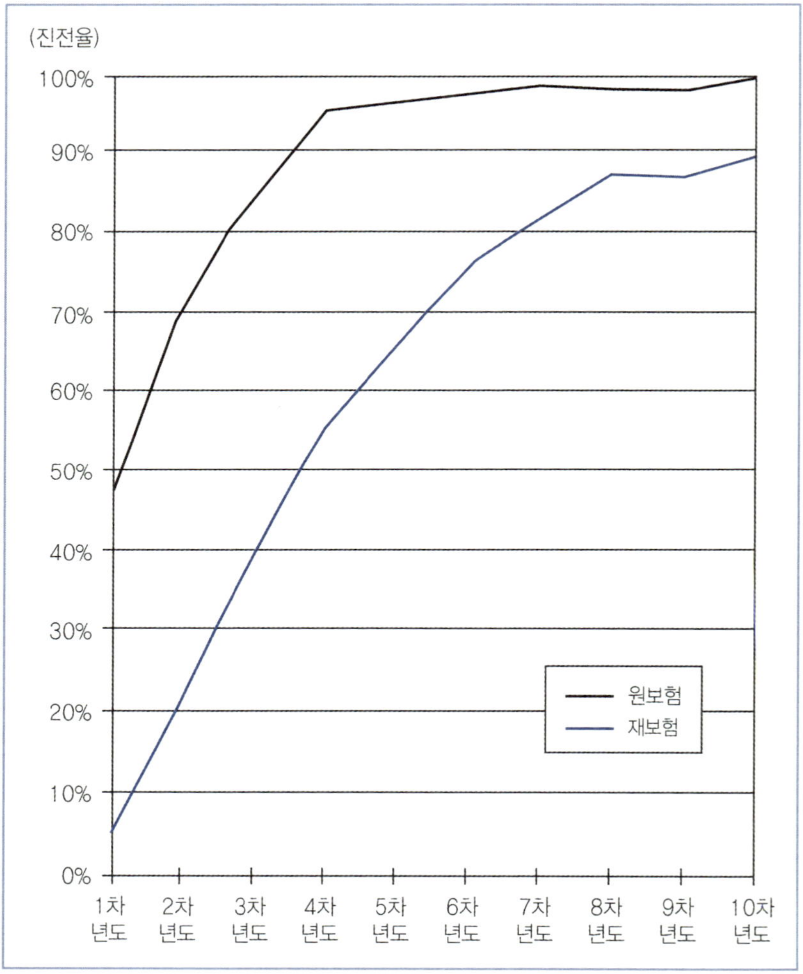

자료출처: RAA Historical Loss Development Study, 2001 Edition.

원보험 및 재보험 손해 진전 추세 (근로자 재해보상 보험)

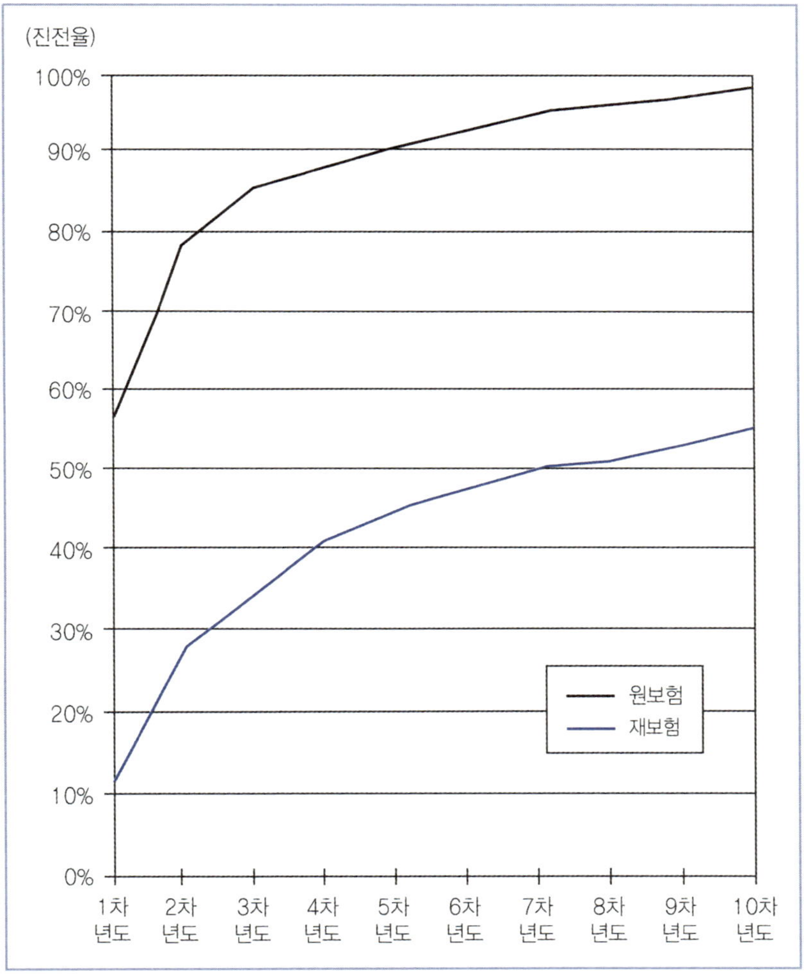

자료출처: RAA Historical Loss Development Study, 2001 Edition.

제 2 절 재보험의 미지급 보험금

출재회사인 원보험회사의 클레임(Claim) 업무 담당자는 보험사고가 발생하면 매 사고당 추정 손해액을 산정하여 이를 미지급 보험금(Outstanding Loss)으로 적립하며 보험손해액의 변동이 있을 시는 적립액 역시 이에 따라 변경된다. 이와 같이 매 보험사고마다 추정 보험금을 산정하여 적립하는 미지급 보험금 적립액을 Case Reserve라고 한다. 그러나 보험 손해액의 규모가 작은 다수의 보험 클레임 등에 대해서는 과거의 클레임 데이터(Claim Data)를 참고하여 보험 수리적인 접근방법(Actuarial Approach)을 통하여 미지급 보험금을 산정하여 적립하는데 이를 Bulk Reserve라 한다.

출재회사의 클레임 업무 담당 부서에서는 자사가 산정하여 적립한 미지급 보험금 적립액을 근거로 재보험 계약상 회수 대상 재보험 클레임에 해당되는 미지급 보험금 적립액을 재보험자에게 통보하게 된다.

재보험 계약상 회수대상 클레임은 초과손해액 재보험 계약(Excess of Loss Reinsurance Treaty)의 경우에는 출재회사의 보유 손해액(Retention/Excess point)의 50%를 초과하는 보험 클레임에 대하여 이를 재보험자에게 통보한다.

그러나 비례재보험 계약(Proportional Reinsurance Treaty)의 경우에는 모든 보험 클레임에 대한 지급 보험금과 미지급 보험금 적립액을 일정기간(통상 분기별) 단위로 재보험자에게 통보한다.

출재회사에 의한 재보험 클레임과 관련된 미지급 보험금 적립액의 통보가 적기에 재보험자에게 이루어진다 하더라도 재보험 클레임 금액이 확정되어 출재회사에게 지급되기까지는 상당한 기간이 소요되며 그 동안에 인플레이션(Inflation) 등 재보험 클레임에 영향을 주는 제반 요소들을 감안할 때 재보험자의 입장에서는 미지급 보험금 적립액의 적정성 확보는 보험 기술적으로나 실무적으로 매우 어려운 과제라고 하겠다.

아래의 표는 사고년도별로 지급 보험금과 미지급 보험금 적립액을 합친 전체 클레임 금액의 변동추이를 나타내고 있다.

사고년도(Accident Year)별 클레임 금액의 변동추이

(단위: 천 불)

	평가기간					
사고년도	1차년도	2차년도	3차년도	4차년도	5차년도	6차년도
1997	14,064	28,429	35,003	39,193	42,689	44,210
1998	14,228	33,948	43,296	48,779	52,727	
1999	16,634	38,667	48,142	56,277		
2000	17,228	45,734	61,007			
2001	24,584	60,604				
2002	26,333					

위의 표에서 보듯이 사고년도별로 기간이 경과할수록 보험사고 클레임 금액(지급 보험금 + 미지급 보험금)이 계속 증가하는 추세를 보여주고 있다. 1997사고년도의 보험 클레임 금액은 1차년도의 14백만 불이 6차년도에서는 44백만 불로 증가하고 있다. 6차년도 말에 재보험자에게 통보된 클레임 금액이 최종 보험금(Ultimate Loss)이라고 가정할 때 각 진행년도별로 재보험자에게 통보되는 재보험 클레임 금액의 비율은 다음과 같다.

진행년도별 재보험 클레임(Claim) 비율

1차년도	2차년도	3차년도	4차년도	5차년도	6차년도
32%	64%	79%	89%	97%	100%

통상적으로 사고년도별 지급 보험금과 미지급 보험금(IBNR 포함)을 합친 총 재보험 클레임 금액의 진행 패턴을 장기간에 걸쳐 관찰하면 각 보험 종목별로 일정한 형태를 유지하고 있는 점을 발견할 수 있다. 따라서 재보험회사의 보험 계리사(Actuary)는 이와 같은 종목별 보험사고 클레임의 진전추이의 유의성을 감안하여 미지급 보험금 적립액의 산정에 이를 활용할 수 있다.

재보험 손해액의 변동추이와 관련된 자기회사의 자료나 또는 다른 회사 혹은 여타 유관기관에서 발행하는 자료들을 참고할 때 우리가 항상 고려해야 할 사항은 과거에 만들어진 손해액 변동추이가 항상 미래의 손해액 변동추이를 파악하기 위한 자료로 사용할 수 없다는 점이다. 그 이유는 출재사의 보유금액(Retention)은 회사에 따라 매년 변하기 때문에 출재사의 보유액과 재보험 보상한도액 등을 감안해야 재보험과 관련된 적정한 손해액의 파악이 가능하게 되기 때문이다. 또한 출재사의 영업지역의 변경은 책임보험의 경우에 재판관할권의 변경과 연계되어 보험손해액에 영향을 주며 출재사의 언더라이팅 정책의 변화도 보험손해액에 많은 영향을 주는 요소이기 때문에 손해액 산정시에 이 같은 사항들을 고려하여야 한다.

Chapter 4

대이재 모델링 (Catastrophe Modelling)

제 1 절 위험관리수단으로서의 대이재 모델링(Catastrophe Modelling)

주택화재보험과 자동차보험사고의 경우처럼 통상적으로 빈번하게 발생하는 보험사고에 대해서는 보험회사에 의한 보험손해액의 추정이 비교적 용이하다. 그러나 발생빈도가 매우 적은 반면에 사고발생시에는 손해규모가 매우 큰 지진, 태풍, 허리케인(Hurricane) 및 토네이도(Tornado) 등과 같은 자연 재해에 대한 보험손해는 유사사고에 대한 과거기록이나 자료가 부족한 한편 부보된 재산가치의 변동과 누적 위험의 증가 등으로 인하여 자연 대이재 사고 발생시 보험손해액의 추정이 어렵다고 하겠다.

1989년에 미국에서 발생한 Hurricane Hugo의 보험손해액은 42

억 불이었으나 1992년에 미국에서 발생한 Hurricane Andrew의 보험손해액은 150억 불로 이로 인해 미국 내 11개 보험회사가 파산하게 되었으며 전세계적으로 많은 재보험회사가 기록적인 재무상의 손실을 입고 시장에서 퇴출되는 사태를 맞게 되었다. Hurricane Andrew 사고 이후에 전세계 보험업계는 회사경영에 심대한 영향을 주는 자연 대이재 사고와 관련된 보험손해 규모를 사전에 파악하고 이에 대처할 수 있는 방안들을 적극 모색하게 되었으며 그 후 1994년 미국의 캘리포니아주(California)에서 발생한 Northridge Earthquake 사고를 거치면서 대이재와 관련된 보험손해액을 예측하고 대비할 수 있는 방안으로 대이재 모델링이라는 개념이 정립되어 유효한 도구로서 오늘날에는 각 보험회사가 보험요율의 결정, 위험선택을 위한 언더라이팅(Underwriting), 손해경감 및 재보험프로그램을 위한 중요한 자료로써 회사의 위험관리 전반에 걸쳐 이를 적극 활용하고 있는 실정이다. 보험회사가 대이재 모델링에 의한 대이재 관련 보험손해액의 추정과 이에 대한 위험관리가 이루어지기 이전에는 각 보험회사들이 자사의 대이재 위험노출(Catastrophe Exposure)에 대한 평가를 자사의 시장점유율(Market Share)이나 수입보험료 규모(Premium Base Formula)에 의하여 이뤄지는 다소 원시적인 방법에 의존하였다.

제 2 절 대이재 모델링(Catastrophe Modelling)의 구성요소

대이재 모델링은 지진 및 허리케인 등 자연재해의 특성과 발생패턴(Pattern) 및 대상지역에 소재하는 각종 건물 및 재산의 형태, 용도 및 재산가치 등을 종합적으로 고려하여 이루어진다. 대이재 모델(Catastrophe Model)을 이용하여 수천 가지의 확률적 시뮬레이션(Simulation)

기술을 적용하면 대이재 발생시 예상되는 보험 손해액의 추정이 가능하다. 아래의 표는 대이재 모델(Catastrophe Model)의 주요 구성 요소를 나타내고 있다.

Catastrophe Modelling의 절차 및 구성 요소

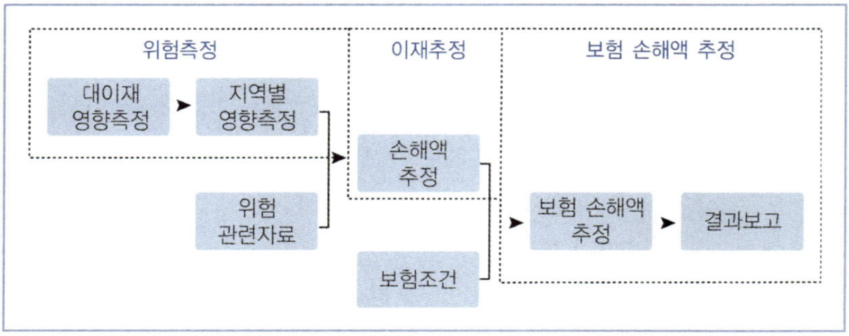

제 3 절 대이재 모델링(Catastrophe Modelling) 방법

1. 대이재 발생의 영향측정(Event Generation)

대이재 모델링의 첫번째 단계는 예상되는 대이재의 발생장소, 발생빈도 및 규모를 파악한 후 지진 및 허리케인 등과 같은 각 종류별 대이재 발생과 관련된 과거의 자료와 과학적인 데이터(Data)를 근거로 하여 개발된 프로그램(Program)을 이용하여 대이재 발생확률 분포를 구하는 것이다. 대이재 발생과 관련된 과학적인 데이터는 기상학자, 지진학자 및 지구물리학자들의 자문을 구하여 작성되며 이와 같은 자료를 기초로 하여 예상되는 각종 변수를 적용하여 이재 발생 시나리오별로 추정 손해액을 파악할 수 있다.

2. 지역별 영향측정(Local Intensity Calculation)

대이재 발생시에 당초 대이재가 발생한 장소 외에 대이재의 영향을 받게 되는 각 지역의 지리적 특성과 기타 손해의 요인 등을 고려하여 세부 지역별로 대이재가 미치는 영향 및 강도 등을 예측하게 된다. 지진의 경우(Earthquake Model)에는 각 지역별 단층자료 등이 이용되며 폭풍이나 홍수의 경우(Windstorm Model)에는 토지별 용도 및 토질자료 등이 이에 이용된다.

3. 손해추정(Damage Estimation)

지역별 특성을 고려한 각 지역별 대이재의 영향이 파악되면 그 다음 단계로 피해대상 지역에 소재한 모든 건물이나 기타 재산에 대한 관련자료를 활용하여 위험에 노출된 건물 및 기타 동산에 대해 예상되는 손해액을 추정한다. 건물의 형태와 용도 등을 고려하여 손상의 정도에 따라 수리비 및 대체비 등을 감안하여 손해액의 추정이 이루어지며 이때 집기, 비품 등에 대한 손해액과 함께 기업휴지 손해액이 추정손해액에 포함된다.

4. 보험 손해액의 추정(Insured Loss Calculation)

앞에서 언급한 대이재에 따른 손해액 추정이 완료되면 이를 각 해당보험 증권상의 담보조건을 적용하여 보험 손해액을 계산한다. 보험증권상 담보조건에는 부보대상별 보험자 면책금액(Deductible)과 보상한도액(Limit) 등이 포함된다.

제 4 절 대이재 모델링(Catastrophe modelling) 산출자료 활용

대이재 모델링의 산출자료(Output Data)가 신뢰성을 갖기 위해서는 모델링(Modelling)에 투입되는 입력자료(Input Data)가 보다 정확해야 한다는 점이다.

대이재 모델링의 산출자료는 사용목적에 따라 세분화가 가능한 바 대이재의 종류에 따라 세부지역별, 보험종목별, 건축물의 형태 및 용도별, 담보위험별로 보험 손해액의 추정이 가능하다.

대이재 모델링에 의하여 출력된 자료는 보험회사들에 의하여 아래와 같은 중요한 용도로 활용되고 있다.

1. 위험 노출에 대한 관리(Exposure Management)

대이재 모델링에 의하여 얻은 자료는 보험회사로 하여금 자사가 책임을 부담하게 될 위험 노출(Risk Exposure)의 총량을 파악함과 함께 지역별, 세부 보험종목별, 담보위험별로 자사가 부담하게 될 위험의 총량에 대한 파악도 가능하게 한다. 보험회사는 이 같은 자료를 활용하여 자사의 계약인수 지침(Underwriting Guideline)을 수정 또는 보완할 수 있으며, 회사가 부담할 수 있는 적정수준의 위험을 고려한 최적의 성장 전략을 수립할 수 있게 된다.

2. 피해경감 전략수립(Mitigation Strategies)

대이재 모델링의 산출자료는 각종 자연재해 등에 노출될 수 있는 건물이나 기타 동산의 취약한 구조와 상태 등을 사전에 점검하여 이에 대비할 수 있는 적절한 방안을 수립하여 시행할 수 있도록 함으로써 자연재해에 따르는 피해를 경감하는데 필요한 전략수립을 가능케 한다.

3. 보유위험의 최적화(Portfolio Optimization)

보험회사가 경영상 큰 충격 없이 적정한 수준의 성장성과 수익성을 추구할 수 있는 최적의 보유위험 포트폴리오(Portfolio)를 구성하기 위한 기초자료로서 대이재 모델링의 산출자료가 유용하게 활용될 수 있다.

4. 적정 보험요율 및 적립금에 대한 검증 (Reserving and Rate Making)

대이재 모델링의 산출자료는 자연재해로 인한 보험 손해액의 추정과 또한 이에 소요되는 적정 적립금의 계산을 위한 기초자료로 활용되며, 또한 클레임 비용(Claim Cost)의 추정을 가능하게 함으로써 위험 보험료(Net Premium)에 대한 적정성을 검증할 수 있는 자료로도 활용되고 있다. 실제로 보험회사는 이와 같은 자료를 근거로 각 보험종목별, 지역별, 개별 증권별로 대이재 사고를 담보하는 적정 보험요율을 검증하는 한편 보험당국에 요율인가 신청시 근거자료로 제출된다.

5. 유사 재보험(Alternative Risk Transfer)의 요율 근거자료

대이재 위험을 담보하기 위하여 금융시장에서 발행되는 대이재 담보 채권(Catastrophe Bond)의 구조와 가격결정을 위한 기초자료로, 그리고 대이재 담보 채권(Catastrophe Bond) 투자자들의 위험평가를 위한 자료로서 역시 대이재 모델링(Catastrophe Modelling)의 산출자료가 이용되고 있다.

재보험의 이론과 실무

– 보험회사의 위험관리 전략 –

PART 2

재보험의 이론과 실무

Chapter 1

재보험의 기원 및 발전과정

과거나 오늘날이나 대부분의 상행위에는 금융적인 요소가 수반되는바 이와 관련하여 재무적인 차원에서의 위험관리에는 보험과 재보험이 유효한 수단으로 오래전부터 활용되어 왔으며 고대시대부터 거래 위험이 비교적 크다고 볼 수 있는 대외 해상무역 부문에서 오늘날 보험과 유사한 제도들이 등장하게 된다.

수천 년 전부터 중국과 기타 고대 제국의 상인들은 해상무역시 소유 화물들을 여러 선박에 분산하여 적재하는 방법 등을 통하여 위험관리를 시행하여 온 바 이 같은 개념이 발전하여 1601년에 영국의 엘리자베스 1세(Elizabeth 1) 치하의 영국의회는 '상인간의 보험에 관한 법률'(AN ACTE CONCERNINGE MATTERS OF ASSURANCES AMONGSTE MERCHANTES)을 제정하여 선박사고시 소수의 관련 당사자에게 큰 부담을 부과하는 대신 다수의 이해관계자가 각각 적은 손해를 나누어 부담하는 오늘날의 보험과 유사한 제도가 아래와 같이 법으로 규정되기에 이른다.

> "by meanes of whiche policies of assurance it comethe to passe, upon the losse or perishinge of any shippe there followethe not the undoinge of any man, but the losse lightthe rather easilie upon many, then heavilie upon fewe …"

인류가 장기간에 걸쳐 상거래에 수반하여 발전시킨 보험 및 재보험의 발달과정을 살펴보기로 한다.

제 1 절 고대시대

고대 바빌로니아 사람들은 해상금융(Maritime Loan) 제도를 고안하여 선박이 항해 중 멸실시 대출금의 상환을 면제하여 주는 내용이 기원전 1800년경에 제정된 함무라비(Hammurabi) 법전에 규정되어 있음을 발견할 수 있다.

기원전 916년에 "로드"(Rhodes)에서는 해양법을 공포한바 이에는 선박의 공동해손(General Average)시 이해당사자간의 손해분담에 대한 규정을 두고 있다.

그리스와 로마시대에 이르러 선박건조와 적하구매를 위한 금융제도가 운영되고 있었으며 이를 선박, 적하채권(Bottomry & Respondentia Bond)이라고 하는바, 오늘날 금융과 위험전가의 기능을 합친 대이재담보 채권(Catastrophe Bond)과 유사한 형태로서 "Bottomry"란 선박을 의미하며 "Respondentia"는 적하물을 의미한다고 하겠다. 선박, 적하

채권(Bottomry & Respondentia Bond)상에는 선박건조와 적하구매를 위한 대출금액, 이자 및 위험담보를 위한 수수료에 대한 규정을 두고 있다.

이와 비슷한 위험분담제도는 기원전 586년부터 시작된 이스라엘의 바빌론 포로시대 이후에 편찬된 바빌론 탈무드(Babylonian Talmud)에서도 발견할 수 있는바 여기에서는 선박을 구하기 위하여 적하물을 바다에 투하(Jettison)시 적하물의 손실에 대한 이해당사자간의 손해분담에 대한 규정을 두고 있다.

비잔틴의 유스티니아누스(Justinian) 황제에 의하여 편찬된 로마시대의 법령집에 의하면 대출금에 대하여 차등적인 이자율을 부과하고 있는 규정을 두고 있는바, 최고이자율은 12%를 초과할 수 없는데 해상사업과 관련된 대출에는 12%의 이자율을 부과하고 기타의 사업과 관련된 이자율은 8%, 개인대출은 6%, 농업인에 대한 대출은 4%의 이자율을 부과하는 규정이 있는바 해상활동에 대한 최고의 이자율 부과는 해상사업의 상대적으로 큰 위험을 감안한 이자율이라고 하겠다.

제 2 절 중세시대

중세시대에 들어 교회는 보험의 발전과 관련하여 많은 영향을 끼쳤다고 하겠다. 구약성격은 출애굽기 22 : 15, 레위기 25 : 35-37, 신명기 23 : 19에서 보듯이, 이스라엘 동족 간에는 대출금에 대한 이자부과를 금하고 있으나, 이방인에게는 예외적으로 이자의 지급을 허용하고 있으며, 또한 신약성경에서도 이자를 기대하고 타인에게 돈을 빌려주지 말라고 하고 있다(누가복음 6 : 34-35).

중세시대에도 해상교역에 따른 금융에 대한 대출이자는 상당히 높은 수준이었으므로(30~50% 수준), 이는 교회법에 위반된다는 이유로 로마 교황 그레고리 9세는 해상무역과 관련된 금융대출에 대한 이자지급을 금지하였으나, 해상교역에 수반되는 높은 위험을 감안하여 실제로는 대출금에 대하여 보험료 형식의 이자가 지급되는 관행이 장기간에 걸쳐 지속적으로 이루어지다가 독립된 해상보험이 탄생하게 된다.

14세기에 들어 북해와 발틱해를 잇는 한자동맹에 속하는 주요 거점 도시 간의 해상무역에 있어서 보험이 주요 위험관리 수단으로 널리 활용되게 되었는바, 당시 한자동맹의 거점도시였던 부르게(Bruges)(오늘날의 벨기에)에서 작성된 문건에는 아래와 같이 보험(Assurance)이라는 용어가 처음 등장하고 있다.

> "부르게(Bruges) 주민의 요청에 따라 플론더(Flonders) 남작은 1310년 이 도시 내에 보험조합(Chamber of Assurance)의 설립을 허가한다. 상인들은 해상위험에 노출된 자기 소유의 적하물을 보호하기 위하여 일정률의 금전을 지급하고 보험에 가입할 수 있다(Chronyk van Vlaendern)."

1340년에 시작된 영국과 프랑스 간의 백년전쟁에 따라 두 나라간의 교역이 소강상태에 있을 때 영국과 이태리 간에는 해상교역이 비교적 활발하게 이루어지고 있었는데, 당시 이태리의 롬바드(Lombard) 상인들에 의하여 한자동맹 시대에 영국에 소개된 해상보험 제도가 보다 정교화 되어 영국에서 확고하게 뿌리를 내리게 된다.

1370년도에 체결된 해상보험 계약서에는 흥미로운 사실이 기재되어 있다. 이태리의 제노아(Genoa) 항에서 플란더스(Flanders) 지방의 슬루이스(Sluys) 항까지 운송되는 적하물에 대한 해상보험 계약서상에 전 항해구간 중 강풍과 해적행위가 빈번하게 발생하여 위험이 상대적으로 큰 항해구간인 스페인의 카디스(Cadiz)에서 슬루이스(Sluys) 간의 구간항해에 대한 위험을 다른 보험자에게 전가시키는 부가계약이 첨부되어 있는바 이는 오늘날 재보험의 개념과 유사하다고 하겠다.

중세시대의 국제교역을 규제하는 준거법으로는 유스티니아누스 법전(Code of Justinian)에 기초한 상업법(The Merchant Law)이 법적 분쟁의 해결 수단으로서 역할을 수행하였으며, 이 법체계가 발전하여 오늘날 국제교역의 준거법으로 사용되는 국제통상법(International Commercial Law)으로 발전하게 된다. 중세시대 당시의 The Merchant Law에는 국제교역에 따른 분쟁해결을 위한 중재기관(Arbitration Institute)의 선정 및 절차 등이 규정되어 있으며, 이 법에 따라 재판 관할권은 상업법원이 갖고 있으며 분쟁 당사자의 해당 소속국의 재판 관할권은 제한되고 있다.

제 3 절 근세시대

14세기 초 영국의 헨리 4세 왕은 이태리 출신 롬바드(Lombard) 상인들에게 런던에 있는 특정 지구를 할양하여 이들에게 상업 활동을 하게 한 바, 이 지역을 롬바드가(Lombard Street)라고 하며, 이 롬바드가(Lombard Street)에 세워진 Royal Exchange가 이후 이곳 상업지역의 중심이 된다. 이어서 1574년에 영국의 엘리자베스 1세(Elizabeth 1) 여왕이 Royal Exchange에 보험영업을 허가한 후 300년에 걸쳐 이곳이 보험의 중심이 된다. 1588년도에 영국이 스페인의 무적함대를 격퇴한 이후 영국은 국제무역의 중심지로 새로이 부상하게 되며, 1601년 들어 영국에서 보험법(일명 Francis Bacon Act)이 제정, 공표되어 시행되기에 이른다. 1666년도에 발생한 런던의 대화재는 런던시내 건축물의 5/6를 불태우고 65,000명의 이재민을 발생시킨 대재앙이었다. 이 화재의 영향으로 1681년에 런던에 화재보험을 취급하는 화재보험회사가 설립되게 되며, 이를 계기로 영국의 보험 산업은 비약적인 발전을 하게 된다.

재보험의 초기형태는 공동보험(Coinsurance)을 통하여 이루어졌다고 볼 수 있다. 특정위험을 여러 보험자가 공동으로 인수하는 형식으로 오늘날의 재보험과 같은 기능을 수행하고 있었는바, 이는 담보력의 확충보다는 단순한 의미의 위험분산을 목적으로 재보험이 이루어졌다고 보여진다. 또한 1746년에 제정된 영국의 해상보험법(Marine Act of 1746)에는 보험자가 파산하거나 사망할 경우에 한하여 재보험을 허용하고 있는바 이는 재보험이라기보다는 원보험자를 대체하는 또 다른 보험이지, 진정한 의미의 재보험은 아니라고 하겠다.

1688년경에는 해상교역 등에 종사하는 상인들과 보험자들이 런던에 있는 에드와드 로이드(Edward Lloyd)의 커피점(Coffee House)에서 만나 각종 시장관련정보 등을 교환하고는 했는데, 1700년대에 이르러 이 커피점이 보험시장으로 발전하여 오다가 1769년도에 New Lloyd's를 설립하고 자체 운영규정을 제정하여 보험시장의 기능을 수행하게 된다. 영국은 17세기 후반에 이르러 산업혁명의 영향으로 생산설비 등의 규모가 급격히 커지게 됨에 따라 보험금액 역시 대폭 증대되어 재보험에 대한 수요가 증가하였으나, 보험자들은 재보험보다는 주로 공동보험의 형식으로 자신들의 위험을 분산시키고 있었다.

독일의 경우 1842년에 함부르크(Hamburg)에서 발생한 대화재 사고로 독일의 보험회사들은 재보험의 필요성을 인식하게 되었으며 1846년도에 세계 최초의 전업재보험회사인 Cologne Reinsurance

Company가 설립되고 1852년 동사는 세계 최초로 특약재보험 계약을 인수한다. 그 후 독일에서는 1853년도에 Aachener Re, 1857년에는 Frankfurter Re, 그리고 1862년에 Magdeburger Re가 각각 설립되게 된다. 1871년 독일은 통일에 따른 경제부흥으로 보험에 대한 수요도 급격히 증대되어 1879년도에 독일 내에서는 27개의 보험회사 및 상호조합 등이 영업활동을 하고 있었으나, 위험분산을 위한 재보험은 당시에도 주로 영국 등 해외 재보험시장에 의존하고 있는 실정이었다. 이와 같은 상황에서 1880년에 Carl von Thieme의 제의로 뮌헨에 있는 은행과 여타 기업체가 공동으로 출자하여 Munich Re가 설립된다. Munich Re는 설립초기부터 국제적인 재보험 영업을 지향하여 1886년도에 파리와 러시아에 각각 영업사무소를 설치하고 1890년에 이르러 런던과 뉴욕에도 영업사무소를 설치하게 된다. 설립자인 Thieme의 재보험 사업구상은 재보험회사는 전업회사(Monoline of Indemnity Reinsurance)이어야 하며, 또한 다양한 종목의 보험(Multifield)을 취급하고 여러 곳에 소재한 위험(Multiple locations)을 인수하는 등 국제적인 재보험 영업을 수행한다는 것이었다. 이러한 영업방침을 통하여 Munich Re는 인수위험의 포트폴리오(Portfolio)를 최대한 분산시켜 경영의 안정을 도모하는데 목표를 두고 있었다고 하겠다.

스위스의 경우에는 1861년에 글라루스(Glarus)에서 발생한 대화재 사고를 계기로 재보험의 필요성이 대두되어 Helvetia General Insurance Co., Credit Swiss 및 Basler Handelsbank가 공동 출자하여 Swiss Re가 설립되게 되며, 그 후 Swiss Re는 독일, 이태리, 프랑스, 오스트리아, 영국, 벨기에, 러시아의 보험회사들로부터 특약재보험 계약 및 기타 재보험 계약 등을 인수하기 시작한다.

미국의 경우에는 독립전쟁 전에는 대규모 위험들에 대한 부보가 영국의 보험회사에 의하여 이루어졌으나, 독립전쟁 이후에는 미국 내 보험회사에 의하여 원보험과 재보험 계약의 부보가 이루어지게 된다. 미국에서의 재보험 영업은 뉴욕소재 연방대법원의 판결에 따라 재보험의 합법성이 인정된 후부터 Munich Re사 등 외국의 재보험회사들도 재보험 계약을 적극적으로 인수하였으나, 1896년도에 뉴욕 주 등 주요 주에서는 비인가 재보험회사(Non-admitted reinsurer)와의 재보험 거래를 합법적인 거래로 인정하지 않는 법률이 제정되어 미국 내 보험회사들이 재보험 담보(Coverage)를 구하는데 많은 어려움을 겪게 된다. 그 후 샌프란시스코 대지진(1906년), 타이타닉(Titanic)호 침몰사고(1912년) 및 유행성 독감으로 인한 대규모 인명사고(1918년) 등으로 보험회사의 담보력 부족과 이에 따른 재보험의 필요성 문제가 크게 부각되었으나, 당시의 미국 내 보험회사들은 재보험을 담당하는 하나의 부서에 의하여 소극적으로 재보험 계약을 인수하는 관행이 일반적인 현상이었다. 1912년도에 들어서야 미국에서 최초로 여러 보험종목의 재보험 계약(Monoline & Multifield Business)을 전문적으로 인수하는 전업재보험회사인 Reinsurance Company of Hartford가 설립되기에 이른다.

Chapter 2

재보험 이론

제 1 절 재보험의 의의

재보험이란 보험회사를 위한 보험으로 보험회사가 인수한 보험계약에 대한 보험회사의 보상책임(Indemnity Liability)의 일부 또는 전부를 다른 보험회사나 재보험회사에게 전가시키는 보험을 의미한다.

재보험 담보(Reinsurance Coverage)를 구입하는 재보험 계약 당사자를 출재회사(Ceding Company 또는 Cedant)라 하고 재보험 담보를 제공하는 재보험 계약 당사자는 재보험회사(Reinsurer)라 하며 출재계약을 Cession이라 한다. 즉 재보험 담보의 구매자(Buyer)는 주로 원보험회사가 되며 재보험 담보의 판매자(Seller)는 재보험회사(Reinsurer)가 된다.

원보험회사로부터 재보험 계약을 통하여 보상책임(Indemnity Liability)을 인수한 즉 재보험 Coverage를 제공한 재보험회사가 재보험 계약상 자사의 보상책임을 또 다른 재보험회사에게 전가시키는 별도의 재보험 계약을 체결할 때 이를 재보험과 구별하여 재재보험(Retrocession)이라 하고 동 재보험 계약의 인수자를 재재보험회사(Retrocessionaire)라 한다.

재보험시장도 일반시장과 같이 수요와 공급에 따라 재보험 담보(Reinsurance Coverage)에 대한 시장가격이 결정된다. 재보험시장의 공급(Supply)에 해당되는 재보험 담보력(Reinsurance Capacity)이 수요에 비하여 많을 때는 재보험 요율(Reinsurance Rate)이 내려가는 소위 Buyer's Market(Soft Market)이 형성되고 재보험 담보력(Coverage)에 대한 수요(Demand)가 공급에 비하여 많을 때는 재보험 요율이 오르며 재보험시장에서 재보험자가 주도권을 행사하는 소위 Seller's Market (Hard Market)이 형성된다.

제 2 절 재보험 계약의 성격

1. 원보험 계약과의 관계

재보험 계약은 법적으로 원보험 계약과는 전혀 다른 별개의 계약이므로 원보험회사가 파산할 경우에 보험계약자의 재보험회사에 대한 원보험 계약상의 클레임(Claim) 청구권이 원칙적으로 인정되지 않는다.

2. 위험분산의 측면

동일한 보험계약을 여러 원보험회사가 공동으로 인수하는 공동보험(Co-Insurance)을 통하여 이루어지는 위험분산을 위험의 수평적분산(Horizontal Distribution)이라 하며 재보험을 통하여 이루어지는 위험분산의 형태를 위험의 수직적분산(Vertical Distribution)이라 한다.

3. 재보험 거래의 국제성

대규모 산업시설과 같은 대형위험을 담보하는 보험계약의 경우에는 막대한 규모의 재보험 담보력(Reinsurance Capacity)이 필요하며 이와 같은 담보력을 제공하려면 전세계적인 재보험시장의 대규모 담보력이 요구되며 이와 같은 이유로 재보험 거래는 국제적인 성격을 띠게 되고 국가의 국제수지에 많은 영향을 미치게 된다.

제 3 절 재보험의 일반원칙

1. 피보험 이익(Insurable interest)

재보험 계약의 피보험 이익은 출재회사(원보험자)가 부담하는 원보험 계약상의 보상책임(Insurance liability)이므로 원보험 계약이 해지되면 재보험 계약도 자동적으로 해지된다.

2. 신의 성실의 원칙(Utmost good faith)

출재회사(원보험자)는 재보험 계약과 관련된 주요사항에 대하여 재보험자에게 성실하게 고지하여야 하며 출재회사의 고지의무의 위반은 재보험 계약 무효의 원인이 된다.

3. 출재회사와 동일책임 부담(Follow the fortune)

출재회사(원보험자)가 원보험 계약상 부담하는 책임을 재보험자도 동일한 조건으로 부담함으로 출재회사(원보험자)가 지급한 보험금에 대하여 재보험자도 별도 재보험 계약상의 하자가 없는 한 동일한 방법으로 재보험금을 지급하여야 한다.

4. 손해보상계약(Contract of indemnity)

재보험 계약의 목적은 출재회사(원보험자)에 대한 손해보상책임이며 따라서 재보험 계약상 재보험자의 책임은 출재회사가 지급한 실제 손해배상에 한정된다.

5. 대위(Subrogation)와 분담(Contribution)

출재회사(원보험자)가 원보험 계약상의 권리인 대위권(Subrogation)의 행사로 보험금 지급액이 감소된 경우에 재보험금도 같은 조건으로 감소되며 출재회사(원보험자)가 다른 보험계약 조건에 따라 전체 보험금 지급액의 일부만을 보상할 경우 재보험자의 재보험금도 동일한 비율로 감소된다.

제 4 절 재보험의 역할과 기능

1. 보험경영의 안정성 도모

대형이재의 발생이나 부적절한 보험요율 등으로 보험영업실적(Underwriting result)의 급격한 악화에 대비하거나 보험회사의 재무제표상 자산/부채 비율의 개선을 통한 회사의 지불능력(Solvency Margin) 유지를 위하여 적절한 재보험 프로그램(Reinsurance Program)을 통하여 보험경영의 안정성을 도모할 수 있다.

2. 인수능력(Underwriting Capacity) 증대

보험회사가 인수능력의 제한으로 인하여 대형위험을 담보하는 보험계약의 인수가 어려운 경우에 재보험을 통하여 부족한 담보력을 확충하는 효과를 얻을 수 있으므로 보험영업력을 강화할 수 있으며 회사의 성장을 추구할 수 있다.

3. 신상품 개발 촉진

보험시장의 새로운 보험수요를 창출하기 위하여 보험회사가 신상품을 개발하려 할 경우에 보험회사는 향후의 영업실적에 대한 우려 때문에 손쉽게 결정을 내릴 수 없게 된다. 이럴 경우에 상품개발에 대한 재보험자의 지식과 경험(Know How) 및 영업손실에 대비한 재보험 프로그램의 제공은 보험회사로 하여금 보다 적극적으로 신상품 개발을 촉진하는 유인을 제공한다.

제 5 절 재보험 취급기관

재보험 영업과 업무에 종사하는 기관들은 아래와 같다.

1. 원보험회사

2. 전업재보험회사

3. 재보험 풀(Pool)

4. 재보험 브로커(Broker)

제 6 절 재보험 방법

1. 거래유형에 따른 재보험 종류

- 임의재보험(Facultative Reinsurance)
- 특약재보험(Treaty Reinsurance)
- Facultative Obligatory Reinsurance(Open Cover)

2. 보상방법에 따른 재보험 종류

- 비례재보험(Proportional Reinsurance)
- 비비례재보험(Non-Proportional Reinsurance)

Chapter 3

임의재보험
(Facultative Reinsurance)

가장 오래된 재보험 방법으로 매 보험계약 단위로 재보험 거래가 이루어진다.

즉 보험회사인 출재회사가 재보험 담보가 필요한 개별 보험계약에 대하여 재보험회사에게 재보험 계약을 청약(Offer)하면 재보험회사는 재보험 계약의 내용과 조건 등을 검토한 후에 재보험 계약의 인수여부를 결정(Underwriting)하게 된다.

제 1 절 임의재보험의 대상 위험

1. 특약상 출재 제외 계약(Treaty exclusions)

출재사가 재보험 특약을 체결, 운영하는 경우에도 특약에 출재되는 통상의 위험을 담보하는 보험계약과는 동질성 면에서 전혀 성질이 다른 계약/위험 등은 일반적으로 특약 출재를 제한하고 있으므로, 이 경우에 출재사는 이러한 계약이나 위험에 대한 재보험 처리를 임의재보험에 의존하게 된다.

2. 특약 실적의 안정성을 해치는 계약/위험

특약상 제외 계약(Treaty exclusion)에 해당되지 않더라도 특약에 재보험 출재 시 예상치 못한 손해로 인하여 특약 실적에 부정적인 영향을 끼칠 수 있다고 판단되는 경우에 출재사는 특약에 출재하지 않고 임의재보험에 의한 출재가 이뤄진다.

3. 대형 위험(Target risks)

재보험 특약상 특약 한도액(Treaty limit)을 초과하는 대형 위험을 담보하는 보험 계약은 그 초과하는 부분을 임의재보험에 의하여 출재하게 된다.

4. 비표준 위험(Sub-standard risks)

과거 손해율 실적이 안정적이지 않거나 출재사가 통상적으로 인수하지 않는 특수 위험을 담보하는 계약에 대한 재보험 처리는 특약 출재계약의 동질성을 훼손할 수 있으므로 출재사는 이들 계약에 대한 재보험 처리를 임의재보험에 의존한다.

5. 출재사가 신규로 인수하는 보험 계약

출재사가 신규로 인수하는 계약은 향후 재보험 실적에 대한 안정성을 확보할 수 없으며 또한 언더라이팅(Underwriting)에 대한 경험 부족 등으로 재보험자가 이들 계약을 특약재보험으로 인수하기를 꺼리므로 출재사는 임의재보험에 의한 재보험 처리를 시도하게 된다.

제 2 절 임의재보험의 장단점

1. 장 점

출재사와 재보험자(Leader) 간의 합의에 따라 자유롭게 재보험 계약조건을 설정할 수 있으며 개별 재보험 계약에 대한 재보험자의 언더라이팅(Underwriting)이 가능하다.

특약재보험의 경우와는 달리 보험사고로 인한 실적 악화시 출재사는 재보험자에 대한 부담을 덜 수 있다.

2. 단 점

개별 계약별로 재보험의 청약(Reinsurance offer)과 인수가 이뤄지므로 사무량이 많아지고 따라서 처리비용이 과다하게 소요된다.

출재사의 입장에서는 재보험자에 의한 100% 재보험 인수가 확정되기 전에는 미출재된 지분에 대하여 출재사가 모든 위험을 부담하게 된다.

특약재보험과는 달리 장기적이고 지속적인 재보험 거래가 아니므로 재보험자의 입장에서는 역선택(Adverse selection)의 위험이 상존한다.

제 3 절 임의재보험 계약의 체결절차

1. 재보험 청약(Reinsurance offer)

출재사는 임의재보험으로 출재 하고자 하는 재보험 계약의 조건을 재보험시장의 재보험자(주로 Leading reinsurer)와 협의를 거쳐 확정한 후 출재대상 위험에 대한 상세한 내용과 재보험 계약조건 등 재보험자의 언더라이팅(Underwriting)에 필요한 모든 계약관련 정보와 자료 등을 기술한 임의재보험 청약서(Facultative Reinsurance Offer Slip)를 작성하여 재보험 중개사(Reinsurance Intermediary 또는 Reinsurance Broker)를 통하거나 혹은 출재사가 직접 재보험시장의 재보험자에게 송부함으로써 임의재보험 계약의 청약이 이루어진다.

임의재보험 청약서에는 모든 재보험 계약조건은 물론이고 재보험자의 언더라이팅에 필요한 주요한 자료와 정보(Underwriting Information)가 누락됨이 없이 사실대로 재보험자에게 통보되어야 한다. 출재사가 고의나 또는 중대한 과실로 인하여 주요사항을 누락하거나 부실 고지를 할 경우 당해 재보험 계약은 무효가 될 수 있다.

2. 재보험 계약의 인수(Reinsurance acceptance)

출재사로부터 임의재보험 청약서를 접수한 재보험자는 재보험 계약 조건과 관련 언더라이팅 자료(Underwriting Information)를 검토한 후 재보험 계약의 인수 여부와 인수시에는 인수 지분을 결정하며 그 결과를 출재사에게 통보하고 이를 증명하는 재보험 인수증(Reinsurance Certificate)을 출재사에게 교부한다.

임의재보험 계약의 청약과정에서 재보험시장의 상황 변화나 재보험자의 요구에 따라 간혹 재보험의 계약 조건이 당초의 계약 조건과 달리 일부가 변경되는 경우가 종종 발생하는바 출재사는 이러한 경우에 재보험자에게 최종적으로 확정된 재보험 계약조건을 문서(Closing Instruction)에 의하여 재보험 출재가 완료된 시점에 재보험자에게 통보한다.

임의재보험 출재가 완료되면 재보험 계약을 인수한 각 재보험자에게 그 인수지분에 해당하는 재보험료가 정하여진 시점에 지급되는바 통상적으로 임의재보험의 재보험료 정산은 특약재보험 거래에 비하여 비교적 빠른 기일 내에 이루어진다.

3. 재보험 계약의 갱신

원보험 계약이 갱신될 경우 출재사는 재보험시장의 재보험자(주로 Leading Reinsurer)와 접촉하여 해당 재보험 계약의 갱신을 위한 협의를 진행한 후 재보험 계약의 갱신 조건을 확정하고 여타 재보험자와 재보험 계약 갱신 업무를 추진한다.

재보험 계약 갱신이 위험 개시일 이전에 이루어지지 못할 경우에 재보험자는 통상적으로 일정한 조건(보험사고 발생의 불인지 등) 하에서 재보험 계약의 대상 위험을 잠정적으로 담보하며(Held Covered) 추후 재보험 계약조건이 확정되면 재보험 계약 갱신일로 소급하여 갱신된 계약조건이 적용된다.

4. 계약기간 중 계약조건의 변경

원보험 계약기간 중에 담보대상 위험의 변경이나 기타 사정으로 계약조건의 변경이 불가피한 경우에 출재사는 해당 사항을 재보험자에게 통보하고 새로운 계약조건에 대한 재보험자의 동의를 받아야 한다.

Chapter 4

특약재보험
(Treaty Reinsurance)

제1절 개 관

앞서 설명한 바와 같이 매 위험단위로 재보험 출재가 이루어지는 임의재보험 거래는 출재사(Ceding company) 입장에서 업무 처리량의 증가와 이에 따른 시간과 비용이 많이 소요되는 한편 재보험자에 의한 재보험 인수가 확정되기 전까지는 재보험 담보가 확보되지 않으므로 출재사가 추가적인 위험을 감당할 수밖에 없다.

임의재보험 거래에서는 그 특성상 출재사와 재보험자 간에 지속적이고 안정적인 거래 관계의 유지가 어렵다고 하겠다. 반면에 특약재보험 거래는 일정 기간(특약기간, 통상 1년)에 걸쳐 자동적이고 일괄적인 재보험 출재가 이루어지기 때문에 통상적으로 다수의 보험계약이 특약에 출재(Attach)됨으로 인하여 거래대상 재보험료의 규모가 커지며, 따라서 대수의 법칙(The law of Large Number)에 의하여 특약 실적의 안정을 기할 수 있게 된다. 개별 위험에 대한 언더라이팅(Underwriting)이 가능한 임의재보험 거래와는 달리 특약재보험 거래에서는 출재사의 신용도와 언더라이팅(Underwriting) 능력이 재보험자의 입장에서는 매우 중요한 고려 요소가 된다.

재보험 거래의 당사자간 신뢰를 바탕으로 장기간에 걸쳐 지속적인 거래관계가 유지되는 특약재보험 거래의 특성상 출재사는 특약의 실적이 장기적인 관점에서 재보험자에게 적정이윤을 시현할 수 있도록 특약을 운영할 수 있어야 한다.

이와 같이 매 보험계약을 대상으로 개별적으로 재보험 거래가 이루어지는 임의재보험(Facultative Reinsurance) 거래와는 달리 출재회사와 재보험회사 간에 출재대상 계약에 대하여 사전에 합의한 후에 일정기간(특약기간: 통상 1년)에 걸쳐 해당계약을 자동적으로 출재할 수 있는 재보험 거래를 특약재보험(Treaty Reinsurance)이라 한다.

특약재보험에 의해 출재대상 계약에 대한 자동적인 재보험 처리가 보장되므로 출재사는 특약재보험 계약을 체결함으로써 자동적인 재보험 처리장치(Automatic Reinsurance Facility)가 마련되었기 때문에 특약 출재 대상에 해당하는 원보험 계약을 인수하게 되면 재보험 특약에 의해 자동적이며 동시적인 재보험 출재(Treaty Attachment)가 이루어지게 된다.

출재회사는 재보험회사와 특약재보험 계약을 체결함으로써 원보험 계약을 추가로 인수할 수 있는 담보력(Underwriting Capacity)을 확충할 수 있는 한편 재보험을 통한 위험 분산으로 언더라이팅 실적과 회사 재무상태의 안정성을 제고시킬 수 있는 효과를 거두게 된다.

제 2 절 특약재보험의 종류

특약재보험 계약은 손해보상 방법에 따라 비례재보험 특약(Proportional Reinsurance Treaty 또는 Pro-Rata Reinsurance Treaty)과 비비례재보험 특약(Non-proportional Reinsurance Treaty 또는 Excess of Loss Reinsurance Treaty)으로 구분된다.

비례재보험 특약에서는 출재 대상 계약의 원보험 요율 및 기타의 계약조건 등이 재보험 계약에도 그대로 적용되며 출재회사(Ceding Company)와 재보험회사 간의 보험료 배분이 각각의 지분에 따라 비례적으로 이뤄진다. 또한 보험사고 발생시에도 동 비율에 의거하여 출재회사와 재보험자 간에 보험금의 분담이 이루어진다.

비례재보험 특약은 원보험 계약상 보험손해의 원인이 되는 위험(Risk)을 매개로 하여 재보험 계약을 체결한다는 점에서, 보험사고 발생시에 보험손해(Loss)를 매개로 재보험 계약을 체결하는 비비례재보험 특약과는 근본적인 개념이 다르다.

비비례재보험 특약(Excess of Loss Reinsurance Treaty)에서는 출재대상 계약에서 발생한 보험손해(Loss)가 재보험 계약상 정해진 출재회사의 보유손해(Retention 혹은 Excess Point)를 초과할 경우에만 재보험자가 재보험 계약상 보상한도(Limit of Liability) 내에서 출재회사에게 재보험금을 지급하게 된다. 따라서 비비례재보험 계약의 재보험료는 재보험 계약조건에 따라 재보험자가 지급하게 될 예상 재보험금(Expected Reinsurance Loss)을 근거로 별도로 계산하게 된다.

1. 비례재보험 특약(Proportional Reinsurance Treaty)

비례재보험 특약은 출재회사(Ceding company)가 재보험 출재율을 결정하는 방식에 따라 비례재보험 특약(Quota Share Reinsurance Treaty)과 초과액재보험 특약(Surplus Reinsurance Treaty)으로 구분된다. 비례재보험 특약(Quota Share Reinsurance Treaty)과 초과액재보험 특약(Surplus Reinsurance Treaty)의 차이점은 비례재보험 특약(Quota Share Reinsurance Treaty)에서는 출재회사의 출재 대상 계약당 보유율(Retention)과 재보험 출재율이 각각 고정되어 있으나 초과액재보험 특약(Surplus Reinsurance Treaty)에서는 출재회사의 계약당 보유율(Retention)이 가변적이라는 점이다.

그러나 앞서 언급한 바와 같이 두 종류의 특약이 공통적으로 출재회사의 보유율과 재보험회사에 대한 출재율이 일단 결정되면 동 비율에 의해 재보험료와 재보험금의 비례적인 배분이 이루어진다는 의미에서 두 종류의 특약을 모두 비례재보험 특약(proportional Reinsurance Treaty)이라 한다.

출재회사의 보유율과 재보험자에 대한 출재율이 고정되어 있는 비례재보험 특약(Quota Share Reinsurance Treaty)은 보험회사 담보력의 기준이 되는 계약자 잉여금(Capital and Surplus)에 대한 부담이 비교적 큰 신설 보험회사에게 적합한 방식의 재보험 특약이며 또한 기존 보험회사가 새로운 보험 종목을 신규로 인수할 경우에 순수한 의미의 위험 분산을 목적으로 체결, 운영하는 재보험 특약형태라고 하겠다.

가. 비례재보험 특약(Quota Share Reinsurance Treaty)

재보험 특약상 출재회사의 출재율(Percentage of Cession)이 고정되어 있으며 이에 따라 모든 출재대상 계약에 대하여 예외 없이 동일한 출재율이 적용되는 재보험 특약이다. 만일 출재회사가 인수한 모든 가계 종합보험(Home Owners Insurance) 계약에 대하여 출재율이 50%인 비례재보험 특약(Quota Share Reinsurance Treaty)을 출재회사가 재보험자와 체결한 경우에는 특약 기간 중에 출재회사가 인수한 모든 가계 종합보험 계약의 50%가 특약한도액(Treaty Limit) 내에서 자동적으로 재보험자에게 출재 되며 해당 재보험료와 보험 사고시의 재보험금 분담이 양 계약 당사자간에 각각 50%씩 이루어지는 재보험 특약이 비례재보험 특약(Quota Share Reinsurance Treaty)이다.

비례재보험 특약(Quota Share Reinsurance Treaty)에서는 특약한도액(Treaty Limit) 내에서 위험의 규모와 상관없이 모든 출재 대상 계약이 일정 비율로 재보험자에게 출재 되는 관계로 재보험 특약 실적의 안정화를 기할 수 있으며 출재회사에 의한 위험의 역선택(Adverse Selection)을 예방할 수 있다는 점이 동 재보험 방식의 특징이라 하겠다.

나. Variable Quota Share Reinsurance Treaty

앞에서 언급한 전형적인 형태의 비례재보험 특약(Quota Share Reinsurance Treaty)에서는 모든 출재 대상 계약에 대한 출재사의 출재율이 고정되어 있으므로 출재 계약의 종류나 위험의 규모에 불문하고 모든 계약에 대한 출재율이 일정하다. 따라서 출재회사의 입장에서는 개별 계약에 대한 차등 보유가 허용되지 않으므로 언더라이팅(Underwriting)상 제약이 있다고 하겠다.

이와 같은 출재회사의 문제점을 보완하기 위한 재보험 방법이 Variable Quota Share Reinsurance Treaty이다. Variable Quota Share Reinsurance Treaty에서는 위험의 규모나 종류에 따라 출재회사의 보유율이 달라지는 재보험 방식이다. 이와 같은 경우에도 일단 출재회사의 보유율과 출재율이 결정되면 동 비율에 의하여 재보험료와 재보험금의 분담이 이뤄진다는 의미에서 비례재보험 특약(Proportional Reinsurance Treaty)에 해당된다. 위험의 크기를 평가하는 기준으로는 재산보험(Property Insurance)의 경우 보험금액(Total Sum Insured)이 될 수 있으나 책임보험의 경우에는 별도의 다양한 위험 평가 기준이 있으며, 책임보험의 보상한도액(Limit of Liability)은 위험의 크기를 평가하는 기준이 될 수 없다.

Q/S와 Variable Q/S 출재 방법

비례재보험 특약 〈Quota Share Reinsurance Treaty〉		
위험의 규모 (Size of Risk)	출재율 (Cession)	최대 출재 금액 (Max. Cession)
$25,000 이하	20%	$5,000 -
$25,000 - $50,000	20%	$10,000 -
$50,000 - $75,000	20%	$15,000 -
$75,000 - $100,000	20%	$20,000 -
〈Variable Quota Share Reinsurance Treaty〉		
위험의 규모 (Size of Risk)	출재율 (Cession)	최대 출재 금액 (Max. Cession)
$25,000 이하	20%	$5,000 -
$25,000 - $50,000	60%	$30,000 -
$50,000 - $75,000	75%	$56,250 -
$75,000 - $100,000	80%	$80,000 -

* 출재회사의 최대 보유 금액: $20,000

위에 예시한 Variable Quota Share Reinsurance Treaty에서 출재

회사의 최대 보유 금액(Maximum Retention)은 어느 경우에도 $20,000를 초과하지 않으나 위험의 규모가 커질수록 출재율이 점차 증가함으로 비례재보험 특약(Quota Share Reinsurance Treaty)의 고정 출재율 20%에 비하여 출재 보험료가 현저하게 증가하는 현상이 발생한다.

아래의 표는 출재회사가 위에서 예시한 바와 같이 비례재보험 특약(Quota Share Reinsurance Treaty)과 Variable Quota Share Reinsurance Treaty를 각각 운영한다고 가정할 경우 발생하는 연간 총 출재보험료를 나타내고 있다.

위험의 규모 (Size of Risk)	총수입 보험료 (Premium Written)	Standard Q/S 출재 보험료(20%)	Variable Q/S 출재 보험료
$25,000 이하	$7,500,000	$6,000,000	(20%) $1,500,000
$25,000 - $50,000	$5,300,000	$4,240,000	(60%) $3,180,000
$50,000 - $75,000	$1,035,000	$828,000	(75%) $776,000
$75,000 - $100,000	$465,000	$372,000	(80%) $72,000
Total	$14,300,000	$11,440,000	$5,828,000

위의 표에서 볼 수 있듯 출재회사가 비례재보험 특약(Standard Quota Share Treaty)을 운영할 경우에는 출재회사의 보유 보험료가 $2,860,000($14,300,000 – $11,440,000)인 것에 비하여 Variable Quota Share Treaty를 운영하게 되면 출재회사의 보유 보험료가 $8,472,000 ($14,300,000 – $5,828,000)으로 대폭 증가하게 된다.

따라서 출재회사의 계약자 잉여금(Capital and Surplus)이 $2,824,000을 초과할 경우 통상적으로 적용되는 기준인 계약자 잉여금의 3배수인 $8,472,000의 보유 보험료의 보유가 가능하다고 하겠다. 또한 위험 규모가 작은 보험계약의 건수가 위험 규모가 큰 보험계약 건수보다 월등히 많기 때문에 위험의 규모가 작은 보험계약에 대한 출재회사의 보유 증대는 대수의 법칙이 적용되므로 보다 안정적인 실적을 시현할 수 있게 된다.

다. 초과액 재보험 특약(Surplus Reinsurance Treaty)

초과액 재보험 특약은 출재회사가 출재 대상인 개별 계약에 대하여 자사의 보유 한도액(이를 Line이라 함)을 미리 정한 후에 자사 보유 한도액(Line)의 일정 배수를 특약 한도액(Treaty Limit)으로 하는 재보험 특약이다. 즉, 5 Line의 초과액 재보험 특약은 출재회사 보유 한도액의 5배에 해당하는 재보험 특약 한도액을 갖게 된다. 따라서 출재회사의 보유 한도액이 클수록 특약 한도액 역시 증가하게 되며, 또한 Line 수가 많을수록 특약 한도액이 증가하게 되어 있다.

초과액 재보험 특약은 재산 보험의 보험 금액(Total Sum Insured)과 같이 사전에 위험의 규모를 파악할 수 있는 보험 계약에 대한 재보험 특약으로 적합한 재보험 방식이다. 따라서 책임보험(Casualty Insurance)의 경우에는 재산보험의 보험금액(Total Sum Insured)과 같은 위험의 크기를 평가할 수 있는 객관적인 기준이 없으므로 초과액 재보험 특약이 책임보험의 경우에는 적합하지 않다. 초과액 재보험 특약을 운영하는 출재회사의 담당 언더라이터(Underwriter)는 출재 계약의 손해율 실적과 자사의 계약자 잉여금에 미치는 영향 등을 감안하여 위험의 종류와 규모에 따른 자사의 보유규정(Retention Table)을 신중하게 결정하여야 한다.

출재회사가 초과액 재보험 특약을 운영할 때 유리한 점은 출재 대상 개별 계약에 대한 언더라이팅(보유결정) 이 어느 정도 가능하며 비교적 큰 규모의 재보험 담보력(Reinsurance Capacity)의 확보가 용이하다는 점이다.

아래의 표는 원보험회사가 재산보험(Property Insurance)에 대한 초과액 재보험 특약(Surplus Reinsurance Treaty)을 운영할 경우에 매 계약별 출재율을 보여주고 있다.

- 매 계약당 출재회사 보유 한도액: $250,000 (1 line)
- 초과액 재보험 특약의 특약 한도액: $1,250,000 (5 line)

	A계약	B계약	C계약	D계약	E계약
보유금액(TSI)	$100,000	$300,000	$1,000,000	$1,500,000	$3,000,000
출재회사 보유	$100,000	$250,000	$250,000	$250,000	$250,000
특약 출재 금액	0	$50,000	$750,000	$1,250,000	$1,250,000
특약 출재율	0%	16.7%	75%	83.3%	41.7%

특약 출재율에 따라 원보험 계약의 보험료가 재보험자에게 배분되고 보험사고 발생시에는 동일한 비율에 따라 재보험자가 출재회사에 재보험금을 지급하기 때문에 앞서 설명한 바와 같이 초과액 재보험 특약도 비례재보험 특약(Proportional Reinsurance Treaty)에 해당된다.

라. Facultative Obligatory Treaty(Open Cover)

임의재보험의 성격을 지닌 재보험 특약으로 출재회사의 입장에서는 특약 출재 대상이 되는 개별계약에 대한 출재 여부가 임의재보험(Facultative Reinsurance)과 같이 임의적인데 반하여 재보험자는 출재회사가 재보험으로 출재한 보험 계약은 반드시 인수할 의무가 있는 재보험 방식이다. 따라서 Facultative Obligatory Treaty를 체결하는 재보험자는 역선택의 위험을 감안할 때 출재회사의 언더라이팅(Underwriting)에 대한 신뢰가 전제되어야 한다. 이와 같은 형태의 특약 체결은 출재회사에게 재보험 담보력(Capacity)를 확보할 수 있다는 이점이 있는 한편 재보험회사의 입장에서는 순수한 임의재보험 거래와 비교할 때 적은 비용으로 더 많은 재보험료 수입을 올릴 수 있다는 점이다.

2. 비비례재보험 특약(Non-Proportional Reinsurance Treaty)

비비례재보험 특약을 일명 초과손해 재보험 특약(Excess of Loss Reinsurance Treaty)라고도 한다. 비비례재보험 특약(Non-Proportional Reinsurance Treaty)의 범주에 속하는 재보험 특약으로는 크게 초과손해 재보험 특약(Excess of Loss Reinsurance Treaty)을 비롯하여 Stop Loss Reinsurance Treaty와 누적 초과손해 재보험 특약(Aggregate Excess of Loss Reinsurance Treaty)으로 분류되며 이들 재보험 특약의 공통점은 재보험 계약의 양 당사자인 출재회사와 재보험자 간의 재보험료와 재보험금의 배분이 비례적이지 않다는 점이다.

가. 초과손해 재보험 특약(Excess of Loss Reinsurance Treaty)

비비례재보험 특약(Non-Proportional Reinsurance Treaty)을 초과손해 재보험 특약(Excess of Loss Reinsurance Treaty)이라고 불릴 만큼 비비례재보험 특약 중 가장 대표적이며 보편적인 특약재보험 계약이다.

초과손해 재보험 특약은 출재회사가 인수한 재보험 특약 상 담보대상 계약에서 발생한 손해(Loss) 중 출재회사가 전적으로 부담하는 보유손해(Retention)를 초과하는 손해를 재보험 계약상 재보험자의 보상한도액(Limit of Liability) 내에서 재보험자가 이를 보상하는 재보험 특약이다. 비례재보험 특약(Proportional Reinsurance Treaty)에서는 원보험 계약상의 위험(Risk)을 매개로 재보험 특약이 체결되는데 비하여 초과손해 재보험 특약에서는 보험사고 발생 후 손해(Loss)를 매개로 하여 재보험 특약이 체결되고 운영된다.

따라서 초과손해 재보험 특약의 재보험 요율은 재보험자가 담보 대상 보험계약에 대한 과거 손해 실적 등을 감안하여 특약기간 중 발생할 보험사고에서 기인한 재보험자의 추정 보상 손해액(Expected Loss)에 근거하여 통계적인 검증을 거쳐 기본 요율을 산정하며 여기에 재보험자의 경비와 적정 이익률을 더하여 최종 재보험 요율을 산정하게 된다. 따라서 비례재보험 특약의 경우와 같이 원보험 계약의 요율과 계약 조건이 재보험 계약에도 동일하게 적용되는 것과는 다르다고 하겠다. 초과손해 재보험 특약은 개별 보험계약에 대한 손해(Loss)를 담보하는 Per Risk Cover와 복수의 보험계약이 관련된 손해를 담보하는 Per Occurrence Cover로 구별된다. 재산보험(Property Insurance)에 대한 대규모 재해에 따른 손해를 담보하는 Occurrence Cover로는 Catastrophe Excess of Loss Reinsurance Treaty가 있으면 책임보험(Casualty Insurance)에서는 대규모 손해를 담보하는 Occurrence Cover를 Clash Cover 또는 Contingency Cover라고 한다.

재산보험 계약을 담보하는 초과손해 재보험 특약에서 출재회사인 원보험회사가 발행하는 보험 증권당 최고 보유한도가 $1,000,000 일 때 출재회사의 보유손해(Retention) 금액이 $1,000,000 미만이면 1개의 보험 계약과 관련된 보험사고로 인한 보험 손해액이 출재회사의 보유손해를 초과할 수 있으므로 이를 Working Cover(Risk Cover)라고 하며 출재회사의 보유손해 즉 Excess Point가 $1,000,000을 초과할 경우에는 최소한 2개 이상의 보험계약과 관련된 보험사고의 발생을 전제로 하므로 이를 Catastrophe Cover라고 한다.

나. Stop Loss Reinsurance Treaty

Stop Loss Reinsurance Treaty는 일반적인 초과손해 재보험 특약과 동일한 방식으로 재보험 담보가 이루어지나 출재회사의 보유손해(Retention)와 재보험 보상한도(Limit of Liability)가 금액 대신에 다음과 같이 손해율(Loss Ratio)로 표시된다.

- 20% GNEP in excess of 80% GNEP*
  - * GNEP: 총 보유 경과보험료(Gross Net Earned Premium)

Stop Loss Reinsurance Treaty는 통상적으로 출재회사가 인수하는 특정 보험 종목에 해당하는 모든 보험 계약이나 또는 전체 계약에 대한 출재회사의 보유손해를 대상으로 하여 특약재보험 계약을 체결함으로써 언더라이팅 실적이 예외적으로 부진한 계약년도의 실적 손해율을 안정화시키는 효과를 거둘 수 있도록 한다.

Stop Loss Reinsurance Treaty의 출재회사 보유손해와 재보험 보상한도는 손해율과 함께 금액이 병기되는 경우도 있으며 재보험 계약기간 중 발생한 모든 보험사고의 손해를 담보 대상으로 한다.

다. Aggregate Excess of Loss Reinsurance Treaty

초과손해 재보험 특약(Excess of Loss Reinsurance Treaty)과 재보험 운영개념이 유사한 비비례 재보험 특약으로 출재회사의 보유손해 금액이 재보험 계약 기간 중 담보 대상 계약과 관련하여 발생한 보험사고의 손해가 누적되어 적용된다는 점이 다르다고 하겠다.

출재회사의 보유손해에 적용되는 누적손해를 Annual Aggregate Deductible이라 하며 이는 통상 금액으로 표시되나 간혹 금액과 함께 비율(손해율)이 병기되기도 한다.

많은 경우에 Aggregate Excess of Loss Treaty는 Per Risk Excess of Loss Treaty Program과 함께 운영된다.

제 3 절 특약재보험 계약(Treaty Reinsurance)의 체결 절차

1. 출재회사(Ceding Company)의 특약재보험 계약 체결 제의(Proposal)
2. 출재회사의 특약재보험 계약 체결 제의에 대한 재보험회사의 수락(Acceptance)
3. 재보험회사에 의한 특약재보험 계약 체결을 증명하는 Cover Note 발행
4. 재보험 계약 당사자간 특약재보험 계약서(Contract Wording) 작성 및 서명

출재회사는 재보험 출재 대상 계약에 대한 상세한 내용을 취합하여 정리한 언더라이팅 정보자료와 특약재보험 계약의 잠정적인 계약조건(Treaty Terms & Condition)을 요약한 Treaty Slip을 재보험회사에 제시하면서 특약재보험 계약의 체결을 제의하게 된다. 출재회사가 작성한 언더라이팅 정보자료(Underwriting Information)에서는 재보험 출재대상 원보험 계약에 대한 상세한 정보가 포함되어 있으므로 재보험회사는 이를 검토한 후에 특약재보험 계약의 인수 여부를 결정한다.

재산보험(Property Insurance)의 언더라이팅 정보자료에서는 특약재보험 계약의 출재대상 원보험 계약에 대한 계약 건수와 수입 보험료, 부보 대상 건물의 용도, 보험 금액별 분포(Limit profile), 각 지역별 원보험 계약의 분포(Geographical Spread), 각 년도별 수입 보험료, 각

년도별 손해실적(Loss History), 출재회사의 언더라이팅 지침(Underwriting Guidance) 및 출재회사의 재무 상황 등이 수록된 연차 보고서(Annual Report) 등이 포함된다.

또한 출재회사가 재보험회사에게 제시하는 특약재보험 계약의 잠정적인 계약조건에는 통상적으로 아래의 주요 사항들이 포함된다.

- 요율(Rates): 비례재보험 특약(Proportional Reinsurance Treaty)의 경우에는 출재회사가 원보험 계약 인수 시 적용하는 요율(Original Gross Rate, OGR)이며, 비비례재보험 특약(Non-Proportional Reinsurance Treaty)의 경우에는 재보험회사와 협상을 통하여 확정한 요율이다.
- 특약기간(Treaty Period): 특약재보험 계약의 효력 개시일과 만료일을 표시한다. 비례재보험 특약(Proportional Reinsurance Treaty)의 경우에는 원보험 계약의 위험 개시일(Risk Attaching Basis), 비비례재보험 특약(Non-Proportional Reinsurance Treaty)의 경우에는 손해 발생일(Loss Occurring Basis)을 기준으로 한다.
- 특약해지(Cancellation): 특약재보험 계약의 해지를 위한 절차와 특약재보험 계약의 해지의 효력 발생에 대한 규정과 함께 특약재보험 계약의 해지 시 출재회사와 재보험회사의 잔존 책임(Cut-off 또는 Run-off)에 대하여 규정한다.
- 특약재보험 계약의 제외 위험(Exclusion): 특약재보험 계약에 출재가 금지되는 위험(계약)들을 나열한다.
- 특약재보험 계약의 수수료(Reinsurance Commission): 특약재보험에 출재되는 계약에 대하여 출재회사에게 지급하는 재보험 수수료

율을 규정하는 한편 특약재보험 계약의 운영 결과 이익 발생 시 출재회사에게 지급되는 이익 수수료(Profit Commission)율과 이익수수료의 계산 방식을 아울러 규정한다.

- 중개 수수료(Brokerage): 재보험 중개사를 통하여 특약재보험 계약을 체결하는 경우에 중개사에게 지급하는 중개 수수료율에 대하여 규정한다.

통상적으로 특약재보험 계약의 계약 당사자는 출재회사와 복수의 재보험회사가 된다. 출재회사가 재보험시장에서 여러 재보험자를 상대로 이들과 특약재보험의 계약 조건을 협의하는 것은 실무적으로나 기술적으로 많은 불편함과 비효율성을 초래하게 된다. 따라서 출재회사는 일반적으로 재보험 중개사(Reinsurance Broker 또는 Reinsurance Intermediary)를 이용하여 재보험 계약 조건에 대한 협의와 함께 재보험시장에서 필요한 재보험 담보력(Reinsurance Capacity)을 확보하도록 하며 이들을 통하여 재보험 출재(Placing) 업무를 담당하도록 한다. 또한 재보험 계약 조건에 대한 협의를 동시에 여러 관련 재보험자들과 진행하는 것은 기술적으로 많은 제약이 따르므로, 재보험시장에서 출재 대상 계약에 대하여 지식과 경륜이 많으며 또한 재보험 담보력을 감안하여 특약재보험 계약의 인수지분이 가장 클 것으로 예상되는 재보험회사를 Leading Reinsurer로 지정하여 우선적으로 재보험 계약 조건에 대한 협의를 진행하게 된다.

추후 재보험 계약 조건이 확정되면 출재회사는 확정된 계약 조건을 요약한 서류인 Treaty Slip(Placing Slip)과 관련 언더라이팅 자료(Underwriting Information)를 준비하여 재보험시장에서 여타의 재보험자들을 상대로 직접 또는 재보험 브로커를 통하여 해당 특약재보험

Good Faith)의 원칙에 따라 장기간에 걸쳐 확립된 각종 거래 관행과 국제적인 재보험 거래와 관련하여 발생하였던 분쟁 해결을 위한 중재나 재판 등을 통하여 이미 확립된 판례 등에 따라 동 규정들이 해석되며 준행되고 있다고 하겠다. 특히 세계 재보험시장의 중심으로 오랜기간에 걸쳐 성장, 발전해 온 런던 재보험시장의 거래 관행이 국제적 재보험 거래의 준거 기준으로 채택되면서 각종 특약재보험 계약서의 규정들은 런던 재보험시장에서 제정, 사용되는 규정으로서 규정 자체가 선언적인 성격을 띠고 있으므로 규정에 대한 해석을 판례 등에 의존하는 경우가 많다.

미국 재보험시장은 자국 내 풍부한 재보험 담보력(Capacity)의 공급으로 인하여 전통적으로 해외 재보험 거래에 대한 필요성이 그다지 크지 않았기 때문에 해외 재보험시장과의 재보험 거래가 시장의 규모에 비하여 비교적 활발하게 이루어지지 않고 있다. 반면에 미국 내 각 주의 보험감독 당국은 미국 내 출재회사가 해외 재보험자와의 재보험 거래 시 출재회사가 해외 출재 계약에 대한 신용위험(Credit Risk)을 부담토록 규제하고 있으며 이에 따라 재보험 특약서상에 관련조항들을 제정하여 사용하도록 강제하고 있다.

미국의 전미 보험 감독관 협회(National Association of Insurance Commissioners, NAIC)로 대표되는 각 주의 보험 감독 당국에 의한 이 같은 각종 규제는 해외 재보험자들로 하여금 미국 내 출재회사와의 재보험 거래를 제한하는 장해 요인이 되고 있다. 이와 같이 미국 시장과의 재보험 거래 시에 사용되는 독특한 특약재보험 계약서의 해당 조항들에 대해서는 별도의 독립된 장에서 다룰 것이다.

다음은 모든 특약재보험 계약서에 공통적으로 적용되는 각종 표준 조항들(Clause)에 대하여 살펴보고자 한다.

제 1 절 서문(Preamble)

특약재보험 계약서의 서문에는 계약 당사자인 출재회사와 재보험회사의 회사명, 소재지 그리고 재보험 특약명이 아래의 예문과 같이 명시되어 있다.

Sample Preamble Clause

COMMERCIAL PROPERTY AND MULTI-PERIL
QUOTA SHARE REINSURANCE CONTRACT
NUMBER 01234
issued to
GENESIS FIRE AND MARINE INSURANCE COMPANY
Seoul, Korea,
(hereinafter referred to as the "COMPANY")
by
SONATA REINSURANCE COMPANY
Houston, Texas
(hereinafter referred to as the "REINSURER")

제 2 절 자료 열람 조항(Access to Records Clause)

재보험회사에게 해당 재보험 계약과 관련된 출재회사의 서류나 자료 등을 열람할 수 있는 권한을 부여한 규정으로 그 내용은 다음과 같다.

Access to Records Clause

> The Reinsurer or its duly authorized representative shall at all reasonable times have free access to the books and records of the Reinsured so long as they relate to the business reinsured under this Contract.

여기서 재보험회사(Reinsurer)란 구체적으로 재보험 계약의 당사자인 재보험회사의 직원(Employees of the Reinsurer)을 의미하나 위의 예문에서는 제 3 자(duly authorized representative)까지도 재보험회사를 대신하여 출재회사가 보관중인 관련 서류나 자료 등를 열람 할 수 있도록 하고 있다. 또한 해당 재보험 계약과 관련된 서류나 자료의 열람은 "적정한 시간(at all reasonable times)"에 행하도록 규정되어 있는 바 "적정한 시간"이란 통상적으로 출재회사의 정상적인 근무시간을 의미한다고 본다. 재보험 계약과 관련된 출재회사의 서류나 자료(books and records)에는 출재회사가 보관중인 컴퓨터 자료(Computer records), 회계 자료(Accounting records), 언더라이팅 자료(Underwriting records), 클레임(Claim) 관련 자료 및 각종 경영 보고서(Management report) 등이 포함된다. 재보험회사의 자료 열람에 대한 시효(Time limitation)는 없다고 보는 것이 일반적인 해석이다.

제 3 절 착오 및 누락 조항(Errors & Omissions Clause)

Errors and Omissions Clause

> Any inadvertent error, omission, or delay in complying with the terms and conditions of the Contract shall not be held to relieve either party

hereto from any liability which would attach to it hereunder if such error, omission, or delay had not been made, provided such error, omission, or delay is rectified immediately upon discovery.

출재회사의 직원에 의한 사무상의 착오(Clerical error)나 누락(Omission) 등은 이를 발견하는 즉시 재보험자에게 통보할 경우에 재보험 계약의 실질적인 효력 상에는 아무런 영향을 주지 않는다는 취지의 조항이다.

이를 테면 출재회사의 언더라이터(Underwriter)가 재보험 출재 대상 계약에 대한 재보험 출재를 누락하거나 혹은 재보험 출재 대상에서 제외되는 계약을 사무 착오로 출재할 경우에 출재회사는 발견 즉시 재보험자에게 통보하고 오류를 정정할 수 있다.

제 4 절 통화 조항(Currency Clause)

통화 조항은 재보험 대차 청산을 위한 기준 통화를 규정하고 출재회사와 재보험회사 간 발생하는 재보험 회계에 대한 대차 청산 시에 기준 통화 이외의 화폐를 기준 통화로 환전할 경우에 이에 대한 방법을 정하고 있다.

Currency Clause

All of the provisions of this Contract involving dollar amounts are expressed in terms of United States dollars. Therefore, all statistics must be reported in U.S. dollars, and all payments must be made in U.S.

dollars. Amounts paid or received by the Company in other currencies shall be converted into U.S. dollars at the rate of exchange prevailing on the date at which such transactions are converted on the books of the Company.

제5절 상계 청산 조항(Offset Clause)

출재회사와 재보험회사 간에 재보험 회계에 대한 대차 청산 시 상호 주고 받을 금액에 대한 상계 청산을 허용하는 취지의 조항이다.

즉 출재회사가 재보험회사에게 지급할 재보험료가 $100,000이고 재보험회사가 출재회사에게 지급할 재보험금이 $60,000일 경우에 출재회사는 지급할 재보험료 $100,000에서 재보험금 $60,000을 공제한 차액 $40,000을 재보험자에게 송금 할 수 있다. 출재회사와 재보험회사 간 상계 청산은 재보험 거래의 일반적인 관행이나 거래 당사자 중에 출재회사나 또는 재보험회사가 파산할 경우에는 문제가 발생하게 된다.

상계 청산 조항은 출재회사와 재보험회사 간에 체결된 특정 해당 재보험 특약만을 대상으로 하고 있기 때문에 쌍방 간에 체결된 여타의 다른 재보험 특약과 관련하여 발생한 재보험 회계에 대한 대차 청산에는 적용되지 않는다.

Offset Clause

The Ceding Company or the Reinsurer may offset any balances, whether on account of premium, commission, claims or losses, adjustment expense, salvage, or any other amounts due from one party to the other under this agreement.

제6절 특약 출재 제외 계약(위험) 조항(Treaty Exclusion Clause)

모든 특약재보험 계약서에서는 공통적으로 재보험 출재가 제외되는 계약이나 위험에 대하여 규정하고 있다. 이들 출재 대상에서 제외되는 계약(위험)들은 통상적으로 공동 재보험 시설인 재보험 풀(Pool) 등에서 취급하는 특수위험들과 대수의 법칙이 적용되지 않는 자연재해 위험이나 전쟁 위험과 같은 대형 위험 등이며 이들 위험들은 특약에 출재되는 여타의 위험들과 동질성 면에서 다소 거리가 있는 위험들이라고 할 수 있다. 이들 출재 제외 위험과 관련된 조항들은 다음과 같다.

1. 원자력 사고 제외 조항(Nuclear Incident Exclusion Clause)

현재 재보험시장에서 사용중인 원자력 사고 제외 조항(Nuclear Incident Exclusion Clause)들은 최소한 7가지 종류가 있다. 원자력 위험을 담보하는 보험은 우리나라의 원자력 보험 풀(Pool)과 같이 일반적으로 재보험 담보력(Capacity)의 확보를 목적으로 설립된 각 국의 원자력 보험 풀(Pool)이 주도적으로 보험과 재보험 담보(Coverage)를 제공하고 있다. 이들 원자력 보험 풀(Pool)은 전세계적으로 거의 모든 보험 회사와 재보험회사들을 풀의 회원사(Pool member)로 두고 이들로 부터 필요한 담보력을 제공받고 있는 실정이다.

이와 같이 거의 모든 보험 회사와 재보험 회사가 원자력 보험 풀(Pool)을 통하여 원자력 위험을 담보하는 원보험 계약이나 재보험 계약을 인수하고 있는 상황에서 일반 재보험 특약을 통한 원자력 보험의 인수는 재보험자에게 위험의 누적(Accumulation of Risk) 문제를 야기하게 됨으로 이를 피하기 위한 목적에서 원자력 위험의 특약 출재를 아래의 규정에서 보는 바와 같이 제외시키고 있다.

Nuclear Incident Exclusion Clause – Physical Damage – Reinsurance U.S.A.

1. This Reinsurance does not cover any loss or liability accruing to the Reassured, directly or indirectly and whether as Insurer or Reinsurer, from any pool of Insurers or Reinsurers formed for the purpose of covering Atomic or Nuclear Energy risks.
2. Without in any way restricting the operation of paragraph(1) of this Clause, this Reinsurance does not cover any loss or liability accruing to the Reassured, directly or indirectly and whether as Insurer or Reinsurer, from any insurance against Physical Damage(including business interruption or consequential loss arising out of such Physical Damage) to:

   i. Nuclear reactor power plants including all auxiliary property on the site, or
   ii. Any other nuclear reactor installation, including laboratories handling radioactive materials in connection with reactor installations, and "critical facilities" as such, or
   iii. Installations for fabricating complete fuel elements or for processing substantial quantities of "special nuclear material", and for reprocessing, salvaging, chemically separating, storing or disposing of "spent" nuclear fuel or waste materials, or
   iv. Installations other than those listed in paragraph(2) iii above using substantial quantities of radioactive isotopes or other products of nuclear fission.

3. Without in any way restricting the operations of paragraphs (1) and (2) hereof, this Reinsurance does not cover any loss or liability by radioactive contamination accruing to the Company, directly or indirectly, and whether as Insurer or Reinsurer, from any insurance on property which is on the same site as a nuclear reactor power plant or other nuclear installation and which normally would be insured therewith except that this paragraph(3) shall not operate

(a) where Reassured does not have knowledge of such nuclear reactor power plant or nuclear installation, or

(b) where said insurance contains a provision excluding coverage for damage to property caused by or resulting from radioactive contamination, however caused. However on and after 1st January 1960 this sub-paragraph(b) shall only apply provided the said radioactive contamination exclusion provision has been approved by the Governmental Authority having jurisdiction thereof.

4. Without in any way restricting the operations of paragraph(1),(2) and (3) hereof, this reinsurance does not cover any loss or liability by radioactive contamination accruing to the Reassured, directly or indirectly, and whether as Insurer or Reinsurer, when such radioactive contamination is a named hazard specifically insured against.

5. It is understood and agreed that this clause shall not extend to risks using radioactive isotopes in any form where the nuclear exposure is not considered by the Reassured to be the primary hazard.

6. The term "special nuclear material" shall have the meaning given it in the Atomic Energy Act of 1954 or by any law amendatory thereof.

7. Reassured to be sole judge of what constitute:

(a) substantial quantities, and

(b) the extent of installation, plant or site.

2. 오염 사고 제외 조항(Pollution Exclusion Clause)

현재 특약재보험 계약서에 사용되는 오염 사고 제외조항은 Pollution and Seepage Exclusion Clause와 Pollution Exclusion Clause–General Liability–Reinsurance 및 Pollution Exclusion Clause–Auto Liability–Reinsurance 등 3가지 종류가 있다.

최근 들어 각종 오염 사고에 대한 사회의 인식 제고로 피해구제에 대한 법원의 판결이 오염 사고 배상 책임을 강화시키는 추세에 있다. 따라서 오염 사고에 따른 손해 배상액이 급격히 증가하는 한편 오염 사고시 오염원을 제거하기 위한 비용(Clean-up Cost)의 지출도 그 규모가 매우 커지고 있다. 이와 같은 상황에서 대부분의 재보험회사들은 극히 예외적인 경우를 제외하고는 재보험 특약에 오염 사고를 담보하는 보험계약의 출재를 기피하고 있다.

특약재보험 계약서상에 사용되는 오염 사고 제외조항(Pollution Exclusion Clause)의 문구는 아래와 같다.

Pollution Exclusion Clause – General Liability – Reinsurance

A. This reinsurance excludes all loss and/or liability accruing to the reinsured company as a result of:
   1. bodily injury or property damage arising out of the actual, alleged or threatened discharge, dispersal, release or escape of pollutants:
      a. at or from premises owned, rented or occupied by a named insured;
      b. at or from any site or location used by or for a named insured or others for the handling, storage, disposal, processing or treatment of waste;

c. which are at any time transported, handled, stored, treated, disposed of, or processed as waste by or for a named insured or any person or organization for whom a named insured may be legally responsible; or

d. at or from any site or location on which a named insured or any contractors or subcontractors working directly or indirectly on behalf of a named insured are performing operations:

(i) if the pollutants are brought on or to the site or location in connection with such operations; or

(ii) if the operations are to test for, monitor, clean up, remove, contain, treat, detoxify or neutralize the pollutants;

2. any government direction or request that a named insured test for, monitor, clean up, remove, contain, treat, detoxify or neutralize the pollutants.

B. Subparagraphs A(1)(a) and A(1)(d)(i) above do not apply to bodily injury or property damage caused by heat, smoke or fumes from hostile fire.

C. "Hostile fire" means a fire which becomes uncontrollable or breaks out from where it was intended to be.

D. "Pollutants" means any solid, liquid, gaseous or thermal irritant or contaminant, including smoke, vapor, soot, fumes, acids, alkalis, chemicals and waste. Waste includes material to be recycled, reconditioned or reclaimed.

3. 전쟁 위험 제외 조항(War Risks Exclusion Clause)

인위적인 위험인 전쟁 위험의 천문학적인 피해규모를 감안할 때 보험 기술적인 측면에서 전쟁 위험을 보험으로 담보하기에는 많은 문제점이 있다. 이와 같은 이유로 전쟁 위험은 일반적으로 원보험 계약상에도 보험회사의 면책 위험으로 규정되어 있으므로 재보험 계약서상 동 조항은 특별한 의미를 지니지 못하고 있다.

War Risks Exclusion

As regards interests which at time of loss or damage are on shore, no liability shall attach hereto in respect of any loss or damage which is occasioned by war, invasion, hostilities, acts of foreign enemies, civil war, rebellion, insurrection, military or usurped power, or martial law or confiscation by order of any government or public authority.

This War Exclusion Clause shall not, however, apply to interests which at time of loss or damage are within the territorial limits of the United States of America comprising the fifty States of the Union and the District of Columbia, its territories and possessions, including the Panama Canal Zone and Commonwealth of Puerto Rico and including bridges between the United States of America and Mexico(provided they are under United States ownership). Canada, St. Pierre, and Miguelon, provided such interests are insured under original policies, endorsements, or binders containing a standard war or hostilities or warlike operations exclusion clause.

Nevertheless, this clause shall not be construed to apply to loss or damage occasioned by riots, strikes, civil commotion, vandalism, malicious damage, including acts committed by agents of any government, party, or faction engaged in war, hostilities, or other warlike operation, provided such agents are acting secretly and not in connection with any operations of military or naval armed forces in the country where the interests insured are situated.

4. 풀, 협회 및 신디케이트 계약 제외 조항(Pools, Associations and Syndicates Exclusion Clause)

특정 위험의 인수와 또는 특정 업계나 단체를 상대로 보험 계약을 인수하는 기관들이 보험 풀(Pool), 보험 협회 및 보험 신디케이트

(Syndicate) 등이다. 이들 기관들로부터 출재회사가 인수하는 보험 계약을 재보험 특약에 출재할 경우에는 원자력 사고 제외 조항(Nuclear Incident Exclusion Clause)에서 살펴본 바와 같이 재보험자에게 위험의 누적(Accumulation of risk) 문제가 발생할 수 있으므로 이 같은 문제를 해결하기 위한 방편으로 사용하는 조항이다.

Pools, Associations and Syndicates Exclusion Clause

SECTION A

Excluding:

(a) All Business derived directly or indirectly from a Pool, Association or Syndicate which maintains its own reinsurance facilities.

(b) Any Pool or Scheme (whether voluntary or mandatory) formed after March 1, 1968 for the purpose of insuring Property whether on a country-wide basis or in respect of designated areas. This exclusion shall not apply to so-called Automobile Insurance Plans or other Pools formed to provide coverage for Automobile Physical Damage.

SECTION B

It is agreed that business written by the Company for the same perils, which is known at the time to be insured by, or in excess of underlying amounts placed in the following Pools, Associations or Syndicates, whether by way of insurance or reinsurance, is excluded hereunder:

Industrial Risk Insurers; Associated Factory Mutuals; Improved Risk Mutuals.

Any Pool, Association or Syndicate formed for the purpose of writing Oil, Gas, or Petro-Chemical plants and/or Oil or Gas Drilling Rigs.

United States Aircraft Insurance Group, Canadian Aircraft Insurance Group, Associated Aviation Underwriters.

Section B does not apply:

(a) Where the Total Insured Value over all interests of the risk in question is less than $250,000,000.

(b) To interests traditionally underwritten as Inland Marine and/or Stock and/or Contents written on a Blanket basis.

(c) To Contingent Business Interruption, except when the Company is aware that the key location is known at the time to be insured in any Pool, Association or Syndicate named above, other than as provided for under Section B(a).

(d) To risk as follows: Offices, Hotels, Apartments, Hospitals, Educational Establishments, Public Utilities(other than Railroad Schedules) and Business Risks on the classes of risks specified in this subsection(d) only.

NOTES: Wherever used herein the terms:

"Company" shall be understood to mean "Company", "Reinsured", "Reassured" or whatever other term is used in the attached reinsurance contract to designate the reinsured company or companies.

"Agreement" shall be understood to mean "Agreement", "Contract", "Policy" or whatever other term is used to designate the attached reinsurance document.

(This additional section is added to the Pools, Associations or Syndicates Exclusion Clause when the clause is attached to a catastrophe contract.)

SECTION C

NEVERTHELESS the Reinsurers specifically agree that liability accruing to the Company from its participation in

(a) The following so-called "Coastal Pools"

and

(b) All "FAIR Plan" Business,

for all perils otherwise protected hereunder shall not be excluded, except that this reinsurance does not include any increase in such liability resulting from:

(a) The inability of any other participant in such "Coastal Pool" or "FAIR Plan" to meet its liability.
(b) Any claim against such "Coastal Pool" or "FAIR Plan", or any participant therein, including the Company, whether by way of subrogation or otherwise, brought by or on behalf of any insolvency fund(as defined in the Insolvency Funds Exclusion Clause incorporated in this Contract).

NOTES: Wherever used herein the terms:

"Reinsurers" shall be understood to mean "Reinsurers", "Underwriters", or whatever other term used in the contract to designate the reinsurer or reinsurers.

제7절 총 보험 가액 제외 조항(Total Insured Value Exclusion Clause)

여러 위험을 포괄적으로 담보하는 재산 종합 보험에서 각종 피보험 이익(Insurable interest)에 대한 총 보험 가액이 일정 금액을 초과하는 보험 물건은 특약 출재에서 제외하도록 하는 특약 계약서상의 조항이다.

여러 피보험 이익이 있는 특정 보험 물건에 대하여 각 피보험 이익별로 특약에 출재될 경우에 재보험자는 예상치 못한 위험의 누적 문제에 직면하게 되기 때문에 이와 같은 사태를 예방하기 위한 규정이다.

재보험자의 입장에서는 사전에 예상되는 위험 누적 문제를 감안하여 특약재보험 계약에 대한 자사의 인수 지분을 처음부터 줄일 수는 있으나 이는 위험의 누적과 관련이 없는 여타의 통상적인 재보험 출재 계약에 대하여도 자사의 인수 지분이 축소되므로 재보험자에게 바람직한 조치가 될 수 없다고 하겠다.

보험사고 발생시에 피해 규모가 크지 않은 보험 계약이나 출재회사가 100% 인수하는 계약에 대하여는 동 규정의 적용이 배제된다.

Total Insured Value Exclusion Clause

It is the mutual intention of the parties to exclude risks, other than Offices, Apartments, Hospitals, Educational Establishments, Public Utilities (except Railroad Schedules), and Builders Risk on the above classes where, at the time of cession, the Total Insurance Value over all interests exceeds $250 million. However, the Company shall be protected hereunder, subject to the other terms and conditions of this Contract, if subsequent to cession being made the Company becomes acquainted with the true facts of the case and discovers that the mutual intention has been inadvertently breached on condition that the Company shall at the first opportunity, and certainly by next anniversary of the original policy, exclude the risk in question.

It is agreed that this mutual intention does not apply to Contingent Business Interruption or to interests traditionally underwritten as Inland Marine or to Stock and/or Contents written on a blanket basis except where the Company is aware that the Total Insured Value of $250 million is already exceeded for buildings, machinery, equipment and direct use and occupancy of the key location.

It is understood and agreed that this Clause shall not apply hereunder where the Company writes 100 percent of the risk.

Notwithstanding anything contained herein to the contrary, it is the mutual intention of the parties in respect of bridges and tunnels to exclude such risks where the Total Insured Value over all interests exceeds $250 billion.

제 8 절 중재 조항(Arbitration Clause)

재보험 특약의 운영과 관련하여 발생한 계약 당사자 간의 모든 분쟁은 법원의 사법적인 판단을 구하기 앞서 중재에 의하여 해결할 것을 규정한 조항이 중재 조항이다. 중재 조항에는 중재를 위한 중재인(Arbiter)과 심판관(Umpire)의 선임 절차를 아울러 규정하고 있다. 통상적으로 중재인은 국제적인 재보험 거래 관행과 보험에 대한 많은 식견과 경륜을 갖춘 보험회사의 전, 현직 임원 중에서 선임한다. 이들은 재보험 거래의 일반 관행과 원칙에 따라 중재를 진행한다. 중재의 결정은 계약 당사자 쌍방 모두를 구속하나 계약 당사자가 중재의 결정에 불복할 경우에는 정식 재판을 청구할 권리를 배제하지는 않는다. 복수의 재보험회사가 출재회사를 상대로 진행된 중재의 결정은 재보험자 전체에 대한 연대 책임 대신 각 재보험자를 상대로 독립적인 구속력을 지닌다.

Arbitration Clause

As a condition precedent to any right of action hereunder, in the event of any dispute or difference of opinion hereafter arising with respect to this Agreement, it is hereby mutually agreed that such dispute or difference of opinion shall be submitted to arbitration. One Arbiter shall be chosen by the Company, the other by the Reinsurer, and an Umpire shall be chosen by the two Arbiters before they enter upon arbitration, all of whom shall be active or retired disinterested executive officers of insurance or reinsurance companies. In the event that either party should fail to choose an Arbiter within sixty days following a written request by the other party to do so, the requesting party may choose two Arbiters who shall in turn choose an Umpire before entering upon arbitration.

If the two Arbiters fail to agree upon the selection of an Umpire within sixty days following their appointment, each Arbiter shall name three nominees, of whom the other shall decline two, and the decision shall be made by drawing lots.

Each party shall present its case to the Board of Arbitration within sixty days following the date of appointment of the Umpire. The Arbiters shall consider this Agreement an honorable engagement rather than merely a legal obligation, and they are relieved of all judicial formalities and may abstain from following the strict rules of law regarding entering of evidence except to the extent required by the state law of the sites of the arbitration. The Board shall make its decision within sixty days following the termination of the hearing unless the parties agree to an extension. The majority decision of the Board shall be final and binding upon all parties to the proceeding. Judgment may be entered in any court having jurisdiction.

If more than one Reinsurer is involved in the same dispute, all such reinsurers shall constitute and act as one party for purposes of this Article, and communications shall be made by the Company to each of the reinsurers constituting one party, provided, however, that nothing herein shall impair the rights of such reinsurers to assert several, rather than joint, defenses or claims, nor be construed as changing the liability of the reinsurers participating under the terms of this Agreement from several to joint.

Each party shall bear the expense of its own Arbiter, and shall jointly and equally bear with the other the expense of the Umpire and of the arbitration. In the event that the two Arbiters are chosen by one party, as above provided, the expense of the Arbiters, the Umpire and the arbitration shall be equally divided between the two parties.

Any arbitration proceedings shall take place at a location mutually agreed upon by the parties to this Agreement.

Chapter 6

재보험 특약서(2) (Reinsurance Treaty Wording)

미국의 보험시장은 전통적으로 원보험시장과 재보험시장의 구분이 그다지 뚜렷하지 않다고 하겠다. 많은 원보험회사가 회사 내에 재보험 영업부서(Reinsurance Department)를 두고 수재보험 등 재보험 영업을 하고 있다. 미국의 보험시장은 자국 시장 내에 충분한 재보험 담보력이 있었기에 오랜 기간 해외 재보험시장과의 재보험 거래에 비교적 적극적이지 않은 편이였다. 그러나 미국의 보험회사들이 해외 재보험회사와의 재보험 거래에 다소 소극적인 보다 근본적인 이유는 미국의 보험 감독 정책에 기인하는 바가 크다고 하겠다. 미국 보험 감독 정책의 핵심은 보험 계약자 보호에 있으며 이를 위하여 각 주별로 보험 감독관(Insurance Commissioner)의 책임하에 정책을 집행하고 있다. 이들 각 주의 보험 감독관들은 보험 감독관 협의체인 전미보험감독관 협회(National Association of Insurance Commissioners,

NAIC)를 통하여 통일된 정책 집행과 보험 감독 규정의 마련을 위한 협의를 진행한다.

미국 보험 감독 정책의 목표인 계약자 보호 제도의 핵심은 보험회사의 지불 능력의 유지이며 이와 관련된 재보험 정책으로는 해외 재보험 거래에서 야기될 수 있는 신용위험(Credit Risk)을 최소화하는 것으로 요약할 수 있다.

따라서 미국의 출재회사가 미국 재보험 영업 면허가 없는 해외의 재보험회사(Alien Reinsurer)에게 재보험 계약을 출재할 경우에는 규정상 요구되는 제반 요건을 충족할 경우에만 출재 회사의 재무제표상에 관련 재보험 채권을 인정하는 제도를 마련하여 시행하고 있다. 이와 같은 미국시장의 재보험 관련 감독 정책이 미국의 출재회사와 해외 시장의 재보험회사 간 사적인 계약인 특약재보험 계약의 계약서상에도 관련 조항으로 구현되고 있는 바 이들 조항들을 살펴보겠다.

제1절 소송 서비스 조항(Service of Suit Clause)

미국의 출재회사와 해외의 재보험회사 간의 재보험 거래 시에 관련 재보험 계약상 발생하는 출재회사의 미수 채권을 보호할 목적으로 미국 내 출재회사에게 이에 대한 법적인 권리를 부여하기 위한 조항이다.

미국의 출재회사와 해외 시장의 재보험자 간에 재보험 계약상 분쟁이 발생할 경우에 출재회사의 입장에서는 재보험 채권 확보를 위한 미국 내 법원에의 소송제기가 곤란하다. 왜냐하면 미국 내 출재회사의 관할 법원은 외국의 재보험자에 대한 재판 관할권이 없기 때문이다. 따라서 동 조항은 미국 내 출재 회사가 자사에 대한 재판관할권이 있는 미국의 법원에 해외 재보험자를 상대로 소송을 제기할 수 있는 근거를 마련해 두고 있다. 그러나 이는 해외 재보험자의 국제법상 정당한 권리를 제한하는 규정이라 할 수 있다.

또한 동 조항은 미국 법원의 소송 진행과 관련하여 관련 업무를 처리할 해외 재보험자의 법률 대리인을 임명하도록 규정하고 있는 바 통상적으로 재보험자들은 미국 내 법무법인(Law Firm)을 대리인으로 임명하여 이들로 하여금 소송 업무를 대리하도록 하고 있다.

Service of Suit Clause

(This clause applies only to those Reinsurers not domiciled in the United States of America, and/or not authorized in any state, territory, and/or district of the United States where authorization is required by insurance regulatory authorities.)

It is agreed that in the event of the failure of Reinsurers to pay any amount claimed to be due under this contract, the Reinsurers, at the request of the Company, will submit to the jurisdiction of any court of competent jurisdiction within the United States of America and will comply with all requirements necessary to give such court jurisdiction; and all matters arising hereunder shall be determined in accordance with the law and practice of such court.

Nothing in this Clause constitutes or should be understood to constitute a waiver of Reinsurers' rights to commence an action in any court of competent jurisdiction in the United States, to remove an action to a United States District Court, or to seek a transfer of a case to another court as permitted by the laws of the United States or of any state in the United States.

Service of process in such suit may be made upon Messrs. Johnson and Higgins, 3 Park Avenue, New York, New York 10016 (hereinafter, "agent for service of process") and in any suit instituted against any one of them upon this Contract, Reinsurers will abide by the final decision of such court or of any appellate court in the event of an appeal.

The above named are authorized and directed to accept service of process on behalf of Reinsurers in any such suit and/or upon the request of the Company to give a written undertaking to the Company that the agent for service of process will enter a general appearance on behalf of Reinsurers in the event such a suit shall be instituted.

Further, Pursuant to any statute of any state, territory, or district of the United States of America which makes provision therefore, the Reinsurers hereby designate the Superintendent, Commissioner, or Director of insurance or other officer specified for that purpose in the statute, or his successor or successors in office, as their true and lawful attorney upon whom may be served any lawful process in any action, suit, or proceeding instituted by or on behalf of the Company or any beneficiary hereunder arising out of this Contract and hereby designate the agent for service of process as the firm to whom the said officer is authorized to mail such process or a true copy thereof.

제 2 절 파산 조항(Insolvency Clause)

미국의 출재회사와 해외 재보험자 간의 재보험 거래에서 출재회사가 파산하여 원보험금의 지급이 중단되는 경우에도 재보험자의 재보험금 지급 의무에는 아무런 영향을 주지 않는다는 취지의 규정으로 동 조항은 미국 내 각 주정부의 보험 법규에 의하여 재보험 계약서상 강제되고 있는 규정이다. 동 조항이 규정하고 있는 중요한 사항은 미국 내 출재회사의 보험금 지급 불능 사태로 원보험금의 지급이 부분적으로 이뤄지더라도 해외 재보험자가 지급할 재보험금에는 영향이 전혀 없으며 파산 중인 출재회사나 또는 청산인은 계류중인 모든 클레임에 대하여 재보험자에게 통지해야 한다는 점이다. 이에 대하여 재보험자는 자신의 비용으로 계류 중인 원보험 클레임 에 대한 조사와 함께 필요시에는 소송 방어 등 클레임 관련업무를 처리하며, 이에 소요된 비용은 법원의 동의하에 전액 또는 부분적으로 출재회사로부터 변제가 가능하다는 내용의 규정이다.

미국의 출재회사가 원보험 클레임에 대하여 100% 전액을 지급할 수 없는 상황에서도 재보험자는 자사의 재보험 인수 지분에 해당하는 클레임에 대하여 100% 지급 의무가 있기 때문에 자사의 이익을 보호하기 위하여 원보험 클레임 처리에 관여하게 된다. 또한 동 조항은 재보험금 지급에 대하여도 규정하고 있는 바 재보험금의 지급은 원칙적으로 출재회사나 또는 청산인에게 이루어지나 동 조항의 마지막 문단에서 언급된 바와 같이 아래의 세 가지 예외적인 사례를 인정하고 있다.

- 원보험 계약상 재보험금 직접청구조항(Cut Through Endorsements)이 있을 경우에는 보험계약자가 재보험자에 대한 재보험금의 직접 청구권이 인정된다.
- 보험계약자가 재보험자와 합의에 의하여 지급불능 상태에 있는 출재회사의 보상책임을 재보험자에게 승계시킬 경우에는 재보험자에 대한 보험금 청구가 가능하다.
- 기타 법률 규정에 의한 경우
(Section 4118(s), New York Insurance Law)

Insolvency Clause

The reinsurance under this Agreement shall be payable by the Reinsurers on the basis of the liability of the Company under contract or contracts reinsured without diminution because of the insolvency of the Company.

It is further agreed and understood that in the event of insolvency the Company, the liquidator(s) or receiver(s) or statutory successor of the Company shall give written notice to the Reinsurers of the pendency of a claim against the insolvent Company on the policy or policies reinsured within a reasonable time after such claim is filed in the insolvency proceeding; that during the pendency of such claim, the Reinsurers may investigate such claim and interpose, at their own expense, in the proceeding where such claim is to be adjudicated any defense or defenses which they may deem available to the Company or its liquidator(s) or receiver(s) or statutory successor; that the expense thus incurred by the Reinsurers shall be chargeable subject to court approval against the insolvent Company as part of the expense of liquidation to the extent of proportionate share of the benefit which may occur to the Company solely as a result of the defense undertaken by the Reinsurers.

Where two or more Reinsurers are involved in the same claim and a majority in interest elect to interpose defense to such claim, the expense shall be apportioned in accordance with the terms of the Reinsurance Agreement as though such expense had been incurred by the Company.

It is further agreed and understood that in the event of insolvency of the Company, the reinsurance under this Agreement shall be payable by the Reinsurers directly to the Company of to its liquidator(s) or receiver(s) or statutory successor, except as provided by Section 4118(a) of the New York Insurance Law or except(1) where the Agreement specifically provides another payee of such reinsurance in the event of the insolvency of the Company, and(2) where the Reinsurers with the consent of the direct insured or insureds have assumed such policy obligations of the Company as direct obligations of the Reinsurers to the payees under such policies and in substitution for the obligations of the Company to such payees.

제3절 비인가 재보험 조항(Unauthorized Reinsurance Clause)

미국 출재회사와 미국 내 재보험 영업 면허가 없는 재보험회사와의 재보험 거래 시에 출재회사는 재보험금 지급 채권의 확보를 위하여 미국의 보험 감독 당국이 정한 형태의 사전적인 재정 담보를 재보험자로부터 제공받을 것을 규정한 강제 조항이다.

출재회사가 이와 같은 요건을 충족시킬 수 없는 경우에는 해당 재보험 계약이 출재회사의 재무제표상에 정당한 재보험 채권(Credit)으로 인정받지 못함으로 출재사가 불이익을 감수할 수밖에 없다. 미국 보험 감독 당국에서 정한 재정 담보의 형태(Financial instrument)는 현금 예탁(Cash Deposit), 미국 연방 준비제도(Federal Reserve System)에 속한 미국 내 은행에 취소 불능 신용장(Clean, irrevocable and unconditioned L/C)의 개설이나 또는 신탁기금(Escrow or Trust Fund)의 예치 등이 해당된다.

미국 내 재보험 영업 면허를 소지한 재보험자는 미국 보험 감독 당국의 정기적인 검사 대상 회사로서 지불능력에 대한 검증이 이뤄지므로 동 조항의 적용이 배제된다.

사전적인 재정 담보(Pre-Funding) 대상이 되는 재보험 채권 금액은 해당 재보험 거래와 관련된 매 회계년도 말 현재의 미경과 보험료 예탁금(Unearned Premium Reserve)과 미지급 보험금(Outstanding Loss Reserve 및 Loss Adjustment Expense Reserve) 및 IBNR 금액을 합산한 금액이 된다.

1986년 이전에는 IBNR 금액은 재보험 관련 채권 대상 금액에 포함되지 않았었다.

Unauthorized Reinsurance Clause

(Applies only to a Reinsurer who does not qualify for full credit with any insurance regulatory authority having jurisdiction over the Company's reserves.)

As regards policies or bonds issued by the Company coming within the scope of this Contract, the Company agrees that when it shall file with the insurance regulatory authority or sets up on its books reserves for unearned premium and losses covered hereunder which it shall be required by law to set up, it will forward to the Reinsurer a statement showing the proportion of such reserves which is applicable to the Reinsurer. The Reinsurer hereby agrees to fund such reserves in respect of unearned premium, known outstanding losses that have been reported to the Reinsurer and allocated loss expenses relating thereto, losses and allocated loss expenses paid by the Company but not recovered from the Reinsurer, plus reserves for losses incurred but not reported, as shown in the statement prepared by the Company(hereinafter referred to as "Reinsurer's Obligations") by funds withheld, cash advances or a Letter of Credit. The Reinsurer shall have the option of determining the method of funding provided it is acceptable to the insurance regulatory authorities having jurisdiction over the Company's reserves.

When funding by a Letter of Credit, the Reinsurer agrees to apply for and secure timely delivery to the Company of a clean, irrevocable and unconditional Letter of Credit issued by a bank and containing provisions acceptable to the insurance regulatory authorities having jurisdiction over the Company's reserves in an amount equal to the

Reinsurer's proportion of said reserves. Such Letter of Credit shall be issued for a period of not less than one year, and shall be automatically extended for one year from its date of expiration or any future expiration date unless thirty(30) days(sixty(60) days where required by insurance regulatory authorities) prior to any expiration date the issuing bank shall notify the Company by certified or registered mail that the issuing bank elects not to consider the Letter of Credit extended for any additional period.

The Reinsurer and Company agree that the Letters of Credit provided by the Reinsurer pursuant to the provisions of this Contract may be drawn upon at any time, notwithstanding any other provision of this Contract, and be utilized by the Company or any successor, by operation of law, of the Company including, without limitation, any liquidator, rehabilitator, receiver or conservator of the Company for the following purposes, unless otherwise provided for in a separate Trust Agreement:

(a) To reimburse the Company for the Reinsurer's Obligations, the payment of which is due under the terms of this Contract and which has not been otherwise paid;

(b) To make refund of any sum which is in excess of the actual amount required to pay the Reinsurer's Obligations under this Contract;

(c) To fund an account with the Company for the Reinsurer's Obligations. Such cash deposit shall be held in an interest bearing account separate from the Company's other assets, and interest thereon not in excess of the prime rate shall accrue to the benefit of the Reinsurer;

(d) To pay the Reinsurer's share of any other amounts the Company claims are due under this Contract.

In the event the amount drawn by the Company on any Letter of Credit is in excess of the actual amount required for (a) or (c), or in the case of (d), the actual amount determined to be due, the Company shall promptly return to the Reinsurer the excess amount so drawn. All of the foregoing shall be applied without diminution because of insolvency on the part of the Company or the Reinsurer.

The issuing bank shall have no responsibility whatsoever in connection with the propriety of withdrawals made by the Company or the disposition of funds withdrawn, except to ensure that withdrawals are made only upon the order of properly authorized representatives of the Company.

At annual intervals, or more frequently as agreed but never more frequently than quarterly,

(a) the Company shall prepare a specific statement, for the sole purpose of amending the Letter of Credit, of the Reinsurer's obligation;
(b) if the statement shows that the Reinsurer's Obligations exceed the balance of credit as of the statement date, the Reinsurer shall, within thirty (30) days after receipt of notice of such excess, secure delivery to the Company of an amendment of the Letter of Credit increasing the amount of credit by the amount of such difference;
(c) if, however, the statement shows that the Reinsurer's obligations are less than the balance of credit as of the statement date, the Company shall, within thirty (30) days after receipt of written request from the Reinsurer, release such excess credit by agreeing to secure an amendment to the Letter of Credit reducing the amount of credit available by the amount of such excess credit.

제 4 절 세금 조항(Taxes Clause)

미국의 출재회사와 재보험 거래 시에 출재회사에게 출재 보험료에 대한 세금 납부 의무를 규정한 조항이다. 미국 연방정부는 모든 해외 출재 보험료에 대하여 1%의 연방정부세(Federal Excise Tax)를 부과하고 있다.

Taxes Clause

The Company shall be liable for all taxes, except Federal Excise Tax, on premium ceded to the Reinsurer hereunder.

Except for those Reinsurers exempt from the Federal Excise Tax, all Reinsurers agree of pay 1 percent of premium for purposes of the Tax. In the event of return premium under the contract, the Reinsurer may deduct 1 percent of the return, and the Company shall recover the tax from the Federal Government.

In the event the Reinsurer is required to pay premium taxes to the Federal Government or any state or municipality or to insurance departments thereof on the premium received under this agreement, such premium taxes shall be refunded by the Company to the Reinsurer, provided, however, that the Company in any case shall not be required to pay taxes twice upon the same premium.

제 5 절 중개 조항(Intermediary Clause)

특약재보험 계약이 재보험 중개사(Reinsurance Broker)를 통해 체결된 경우에 적용되는 규정으로 미국 출재회사와의 재보험 거래 시에 사용된다. 동 조항에서는 출재회사와 재보험회사 간의 모든 거래 관련 서류의 교환과 기타의 연락은 재보험 중개사를 경유하여 이루어지며 재보험 중개사가 파산할 경우에 재보험금의 청산 등과 관련된 모든 신용 위험(Credit Risk)을 출재회사가 부담하지 않는다는 내용을 규정하고 있다. 재보험 중개사의 법적인 성격은 출재회사의 대리인(Agent)이기 때문에 재보험 중개사의 파산이나 또는 다른 귀책사유로 인하여 재보험금 청산이 제대로 이루어지지 않을 경우에는 이에 대한 신용 위험(Credit Risk)을 출재회사가 부담하는 것이 정상이므로 동 조항의 강제적인 적용은 다소 무리가 있다고 본다. 미국 시장에서 1980년대에 발생하였던 미국 제 2 위의 재보험 중개사였던 Prichard & Baird사의 파산 사태 후에 전 미국 보험 감독관 협회(NAIC)의 권고로 동 조항이 미국 보험회사의 출재계약을 대상으로 특약재보험 계약서 상에 강제 조항으로 삽입되어 사용되고 있다.

Intermediary Clause

Avante Brokerage Firm, Inc., is hereby recognized as the intermediary negotiating this Agreement for all business hereunder. All communications (including but not limited to notices, statements, premium, return premium, commission, taxes, losses, loss adjustment expense, salvages, and loss settlements) relating thereto shall be transmitted to the Company or the Reinsurer through Avante Brokerage Firm, Inc., 1234 John Street, New York, New York. Payments by the Company to the intermediary shall be deemed to constitute payment to the reinsurer. Payments by the Reinsurer to the intermediary shall be deemed to constitute payment to the Company only to the extent that such payments are actually received by the Company.

Chapter 7

재보험 특약서(3)
(Reinsurance Treaty Wording)

이제까지 살펴본 특약재보험 계약서의 각 조항들은 모든 종류의 특약재보험 계약서상에 공통적으로 나타나는 조항들이며, 다만 미국 재보험시장의 특수한 상황을 반영한 별도의 특약재보험 계약서 조항들을 함께 살펴보았다.

다음은 특약재보험 계약의 종류에 따라 각각 다르게 규정되는 특약재보험 계약서의 조항들에 대하여 살펴보고자 한다.

제 1 절 재보험 조항(Reinsuring Clause): 비례재보험

Reinsuring Clause – Proportional Reinsurance Treaty

By this Agreement, the Company obligates itself to cede and the Reinsurer obligates itself to accept from the Company quota share reinsurance of the Company's net liability for losses occurring under all policies issued or renewed on or after the effective date hereof, and classified by the company as Homeowners business.

동 조항은 재보험 특약의 종류, 출재방법 및 출재대상 계약에 대하여 규정하고 있다. 위의 예문에서는 "의무적인 출재와 인수(Obligatory cession and assumption)라는 표현으로 동 재보험 계약이 특약재보험 계약임을 나타내고 있으며, 또한 특약의 종류는 비례재보험 특약(Quota Share Treaty)이며, 출재대상 보험계약은 특약 개시일 이후에 출재회사가 신규로 인수하거나 갱신하는 가계 종합보험(Homeowners Policies) 계약임을 명시하고 있다.

비례재보험 특약에서 담보대상 계약의 출재를 "Attach"라고 하는데, 이는 재보험 특약이라는 자동적인 재보험 시설(Automatic Reinsurance Facility)에 특약 출재대상이 되는 개별 계약을 재보험으로 출재 한다는 의미이다.

제 2 절 재보험 조항(Reinsuring Clause): 비비례재보험

Reinsuring Clause – Excess of Loss Reinsurance Treaty

The Reinsurer shall indemnify the Reinsured by way of excess of loss reinsurance within the limits contained herein in respect of all losses occurring during the term of this Agreement on homeowners policies issued by the Reinsured.

비비례재보험 특약(Excess of Loss Reinsurance Treaty)의 재보험 조항(Reinsuring Clause)에서는 특약재보험 계약기간 중에 발생하는 모든 보험손해(All losses occurring)를 보상한다고 규정하고 있다.

비례재보험 특약(Proportional Reinsurance Treaty)이 위험(Risk)을 담보한다면 비비례재보험 특약(Non-Proportional Reinsurance Treaty) 또는 초과손해 재보험 특약(Excess of Loss Reinsurance Treaty)에서는 위험(Risk)을 손해(Loss)로 전환하여 보상한다는 점이 다르다. 이는 비례재보험 특약과 비비례재보험 특약의 차이점을 이해하는데 매우 중요한 개념이라고 하겠다.

위의 비비례재보험 특약의 재보험 조항의 예문에서도 출재대상 계약이 가계 종합보험(Homeowners Policies)임을 나타내고 있다.

제 3 절 특약 개시 및 종료 조항 (Commencement and Termination Clause)

동 조항은 특약재보험 계약의 개시 시점과 종료 시점에 대하여 규정하고 있다. 특약 개시일 12:00 AM이란 비례재보험 특약의 경우에는 원보험 계약자가 소재한 장소의 시간을 표준시(Standard Time)로 하며, 비비례재보험 특약에서는 출재회사 소재지의 시간을 기준으로 한다. 특약재보험 계약의 해지는 통상적으로 계약 당사자 쌍방에 의하여 정해진 시점(통상적으로 재보험 특약 종료일)을 기준으로 90일 전 사전 통보로 가능하다.

또한 아래와 같은 특별한 사유가 발생할 경우에도 특약재보험 계약 해지가 통상적으로 가능하다.

- 특약재보험 계약 당사자간 합의에 의한 재보험 특약의 해지
- 특약재보험 계약 당사자 일방의 파산
- 즉시해지조항(Sudden Death Clause)에 의한 특약재보험 계약의 해지
- 장기간에 걸친 출재회사의 재보험료 미청산

Commencement and Termination Clause

A. This Contract shall become effective at 12:01 A.M. Standard time January 1, 1990, with respect to losses occurring under policies attaching on and after that date, and shall continue in force until terminated.

B. This Contract may be terminated at the end of any calendar quarter by either party giving to the other party not less than 90 day's notice by certified mail.

C. Unless otherwise mutually agreed, in the event of termination under normal circumstance, reinsurance hereunder shall continue to apply to business in force at the time and date of termination; until expiration, cancellation or next premium anniversary of such business, but in no event beyond twelve months following the date of termination. Any ceded unearned premium in force twelve months following the date of termination shall be returned within 60 days to the Company by the Reinsurer.

제 4 절 즉시 해지 조항(Sudden Death Clause)

동 조항은 재보험자에 의한 특약재보험 계약의 즉시 해지가 가능한 경우를 다음과 같이 규정하고 있다.

- 출재회사의 매매, 인수 합병, 대주주의 변경
- 출재회사의 납입 자본금의 감소
- 출재회사의 파산 및 청산
- 특약재보험 계약상 출재회사의 보유 지분에 대한 별도 재보험 계약의 체결

위에서 규정한 사유가 발생할 경우에는 출재회사는 동 사실을 재보험자에게 통지하고, 재보험자는 통지를 접수한 후 30일 이내에 특약재보험 계약의 해지 절차를 개시한다. 출재회사가 상기의 사실을 재보험자에게 통보하지 않는 경우에는 재보험자는 동 사실을 인지한 후 즉시로 특약재보험 계약의 해지 절차를 진행할 수 있다.

재보험자가 즉시 해지 조항(Sudden Death Clause)을 요구하는 경우는 출재회사의 재무 상태가 취약하거나 다른 회사에게 매매될 가능성이 있는 경우를 상정할 수 있다.

Sudden Death Clause

The Reinsurer (and the Company) shall also have the option to terminate this Agreement in whole or in part for the reasons set forth below.

1. The sale, merger, or acquisition of the Company by or with any other party or the sale or change in controlling interest of the Company so as to produce a loss in control over conduct of the business by the current owners and/or management, except any change of control or ownership within any insurance holding company system which effects no change in ultimate controlling party;
2. A reduction of the paid-in capital of the Company for any reason whatsoever;
3. The appointment of a receiver, administrator, trustee, or conservator for the Company or the commencement of any liquidation, rearrangement, or bankruptcy proceeding against the Company;
4. Should the Company at any time reinsure its minimum or net retention on any class of business to which this Agreement applies.

The Company shall immediately notify the Reinsurer in writing, giving details of the extent of its knowledge thereof, of the particulars on any of the events set forth in subparagraphs 1, 2, 3, or 4. The Reinsurer may commence termination proceedings within 30 days of the receipt of such notice, by sending to the Company by registered mail to its principal office, notice stating the time and date when termination shall be effective (not less than 30 days after date of mailing such notice). If the Company fails to immediately notify the Reinsurer of any of the aforementioned events, the Reinsurer may commence such termination at any time after it has acquired knowledge of any such event. Upon termination of this Agreement for any of the reasons set forth in subparagraphs 1, 2, 3, or 4 above, the Reinsurer shall not be liable for claims or losses resulting from occurrences taking place after the effective time and date of termination. (In such an event, the Reinsurer shall return to the Company the reinsurance premium unearned, calculated on the monthly pro rata basis, less the commission previously allowed thereon, and less any other amounts due from the Company to the Reinsurer.)

제 5 절 재보험료 미청산으로 인한 계약 해지 조항

출재회사의 재보험료 청산이 상당기간 지연될 경우에 재보험자는 출재회사에게 특약재보험 계약의 해지를 통보할 수 있는 권리를 부여한 조항으로 계약 해지의 효력은 계약 해지 의사를 통보한 후 최소한 30일이 경과한 이후에나 가능하다.

Cancellation Due to Nonpayment of Balance Clause

Notwithstanding any other provisions set forth in this Agreement, if any amount payable by the Company to the Reinsurer becomes overdue, the Reinsurer may terminate this Agreement at any time in its entirety, by sending the Company by registered mail, or certified mail to its principle office, notice stating the time and date when, not less than 30 days after the date of mailing of such notice, termination shall be effective. Failure on the part of the Reinsurer to exercise this right of termination shall not serve to waive the enforcement of this right for cause thereafter.

Upon termination, the Reinsurer shall not be liable for any claims or losses resulting from occurrences taking place after the effective time and date of termination. The Reinsurer shall return to the Company the reinsurance premium unearned, calculated on a monthly pro rata basis, less any commission previously allowed thereon, and less any other amounts due from the company to the Reinsurer.

제6절 재보험 회계 및 청산 조항 (Reports and Remittances Clause)

재보험료와 재보험금 등 재보험 회계와 청산을 규정한 조항으로 비례재보험 특약(Proportional Reinsurance Treaty)과 비비례재보험 특약(Non-Proportional Reinsurance Treaty)의 관련 조항이 다르다. 아래의 예문 조항에서 보는 바와 같이 비례재보험 특약의 경우에는 매월 단위로 해당 월 종료 후 45일 내에 출재회사는 재보험회사에게 재보험료, 재보험 수수료, 재보험금 및 미경과 보험료/미지급 보험금에 대한 계산서를 제출토록 하고, 재보험료에서 재보험 수수료와 재보험금을 공제한 차액을 상호 청산하도록 규정하고 있다. 비비례재보험 특약의 경우에는 재보험료의 산정방식이 비례재보험 특약과는 전혀 다르므로 출재회사는 별도 조항에서 규정한 재보험료 산정 방식에 의거하여 재보험료 산정 계산서(Statement of Premium Calculation)를 작성하여 재보험자에게 송부하고 이를 출재회사가 청산하도록 규정하고 있다.

Reports and Remittances Clause – Proportional Treaty

Within 45 days after the close of each month during the currency of this Contract, the Company shall render a report to the Reinsurer on forms mutually acceptable, setting forth the following;

(1) Net written premium ceded during the month;
(2) Ceding commission allowed thereon;
(3) The Reinsurer's share of losses paid during the month;
(4) Unearned premium and outstanding loss reserves as of the end of the month.

The balance, if any, of (1) less (2) less (3) shall be remitted by the appropriate party within 75 days after the end of the report month. The company shall furnish all statistics necessary for the Reinsurer to prepare statutory reports.

Reports and Remittances Clause - Excess of Loss Reinsurance Treaty

Within 45 days after the close of each calendar quarter, the Company shall furnish to the Reinsurer a statement of the Premium Calculation, as calculated according to Article____. Balances are due and payable with the premium calculation. The company shall furnish all necessary statistics to allow the Reinsurer to prepare its statutory report.

제 7 절 보상한도 초과 조항(Excess of Policy Limits Clause)

배상책임 보험 계약을 담보하는 특약재보험 계약서상의 조항으로 보험 계약자를 상대로 제기된 제 3 자에 의한 소송의 결과 관련 판결액이 원보험 계약의 보상한도액(Limits of Liability)을 초과하는 경우에 동 손해액을 재보험자가 보상한다는 취지의 규정이다.

이 조항은 아래의 예문에서 보는 바와 같이 통상적으로 손해액의 일정 부분(20%)을 출재회사가 부담토록 하는 공동보험(Co-Insurance) 조건을 전제로 하고 있으며, 출재회사가 다른 재보험 계약 하에서 회수한 재보험금이 있을 경우에는 손해액에서 이를 공제하도록 규정하고 있다.

Excess of Policy Limits Clause

This Contract shall protect the Company in connection with judgments in excess of policy limits, but shall be limited to that portion of any judgment rendered against an original insured which is in excess of the limits provided by the Company's policy and for which the Company may be liable to the original insured as a result of alleged or actual bad faith or negligence in rejecting a settlement within its policy limits, in the duty to defend, in the preparation of the defense, in the trial of an action, or in the preparation or prosecution of an appeal consequent upon such action.

80% of the amount of the judgment in excess of the limits set forth in the Company's policy shall be consolidated with the amount of the judgment within the limits set forth in the Company's policy into one reinsurance claim, the sum of which shall be subject to the Company's retention and the Reinsurer's limit of liability as set forth herein. Furthermore, as a condition precedent to coverage under this article, the Company shall retain 20% of all such liability and shall not reinsure it other than with an affiliated company.

Any claim expense incurred by the original insured and recoverable from the Company of any claim expense incurred by the Company in defending an action by the original insured shall be apportioned between the Company and the Reinsurer in proportion to their respective interests as finally determined.

In no event shall any amount paid by the Reinsurer under this article be indemnification of the Company for compensatory or punitive damages assessed against the Company.

Recoveries from any form of insurance or reinsurance which protects the Company against claims the subject matter of this article shall inure to the benefit of this Contract and shall be deducted in arriving at the Company's ultimate net loss.

제 8 절 영토 조항(Territory Clause)

Territory Clause

The liability of the Reinsurer shall be limited to losses under policies covering property located within the territorial limits of the United States of America, its territories or possession, Puerto Rico, and the District of Columbia; but this limitation shall not apply to movable property if the Company's policies provide coverage when said movable property is outside the aforesaid territorial limits.

특약재보험 계약에서 담보하는 위험이 소재하는 지역, 범위 또는 국가를 규정한 조항이다.

제 9 절 특별 인수 조항(Special Acceptance Clause)

특약재보험 계약상 출재대상 계약이 아닌 계약 자체나 기존 계약조건 등을 Lead Reinsurer의 동의를 전제로 보험 계약의 재보험 출재를 허용하거나 또는 계약 조건의 변경을 수용하는 내용의 조항이다.

Special Acceptance Clause

Liability of the Company under policies excluded hereunder, may, upon special acceptance by the Lead Reinsurer, be covered by this Agreement and shall be subject to the terms hereof except as such terms shall be modified by such acceptance.

Chapter 8

비례재보험 특약서

비례재보험 특약(Proportional Reinsurance Treaty)의 제반 계약조건을 규정하고 있는 재보험 계약서의 관련 조항들은 다음과 같다.

제1절 재보험자 책임(Liability of the Reinsurer Clause)

Liability of the Reinsurer Clause

The liability of the Reinsurer with respect to each cession hereunder shall commence obligatorily and simultaneously with that of the Company subject to the terms, conditions, and limitations hereafter set forth.

동 계약서 조항에서는 재보험자의 책임이 언제 개시되며 또한 어떠한 방법으로 재보험자가 자신의 책임을 부담하는지에 대하여 규정하고 있다. 재보험자의 계약상 책임은 모든 재보험 계약 조건에 따라 출재회사의 책임 개시와 동시에 이루어진다. 출재회사의 보유율과 출재율이 계약별로 달라지는 초과액 재보험 특약(Surplus Reinsurance Treaty)의 경우에 출재회사의 언더라이터(Underwriter)가 자사의 보유율을 확정하기 이전에 보험사고가 발생하더라도 출재회사의 보유규정(Retention Table)상의 보유율이 출재사의 보유율이 된다.

제 2 절 원보험 계약 조건(Original Conditions Clause)

Original Conditions Clause

All amounts ceded hereunder shall be subject to the same rates, clauses, conditions, waivers, and to the same modifications and alterations as the respective policies to the Company. The Reinsurer shall be credited with its exact proportion of the original premiums less commission hereon received by the Company, prior to disbursement of any dividends, but after deduction of premiums, if any, ceded by the Company for inuring reinsurance.

재보험 계약상 재보험자의 책임은 원보험 계약의 요율과 기타 계약 조건에 따라 출재회사와 동일한 책임을 부담한다는 취지의 규정이다. 재보험 계약서상의 이익 수수료(Profit Commission) 조항이 이에 대한 예외가 된다고 하겠다.

제 3 절 재보험자의 잔존 책임(Run-off Liability Clause)

Commencement and Termination Clause

This Agreement shall become effective as of 12:01 A.M. standard time, at the address of the Insured, on January 1, 1990, with respect to losses occurring on or after that date, and shall continue in force thereafter until terminated as provided herein.

Either party may terminate this Agreement at 12:01 A.M. standard time, at the address of the Insured, any April 1, July 1, October 1, or January 1, by giving the other party not less than 90 days' prior notice by certified or registered mail.

In the event of termination, the Company shall have the right of reassuming the liability in force hereunder as of termination date providing the Company gives the Reinsurer prior notice of its desire to do so. Otherwise, all cessions made prior to the effective date of termination shall continue to be covered hereunder until their next anniversary date or natural expiration(whichever shall occur first), unless otherwise terminated prior thereto, but in no event to exceed one year from date of termination.

Should the Company exercise its option to reassume the liability at termination date, or in any event at the end of one year from termination, the Company shall prepare a statement of the unearned premium, calculated on the monthly pro rata basis, and the Reinsurers shall return the unearned premium less the commission allowed by Reinsurers under this Agreement.

재보험 계약의 책임 개시 및 종료(Commencement and Termination) 에 대하여 규정한 조항에서 동시에 언급되는 규정으로 비례재보험 특약이 해지 또는 종료될 경우에 재보험 계약상 재보험자의 잔존 책임에 대한 처리 문제를 다루고 있다. 재보험자의 잔존 책임에 대한 처리 방법에는 Run-off System과 Clean Cut System이 있다.

Run-off System은 재보험 계약의 해지 또는 종료 시에 이미 특약에 출재된 보험 계약의 계약 기간이 종료될 때까지 재보험자가 유효 계약에 대한 잔존 책임을 끝까지 부담하는 방법이며, Clean Cut System은 재보험 특약의 해지나 종료시에 모든 유효 계약에 대하여 재보험자가 해당 미경과 보험료(Unearned Premium)를 출재회사에게 되돌려주고 잔존책임을 모두 면제받는 방법이다.

재보험자가 재보험 특약의 실적 부진을 이유로 재보험 특약을 해지할 경우에는 Clean Cut 방식에 의해 잔존 책임을 출재회사에게 이전시키기를 원할 것이다. 재보험자의 재보험 특약 해지시에 Clean Cut System에 의하여 재보험자의 잔존 책임을 인수한 출재회사는 이를 다시 기존 재보험 특약에 새로 참여하는 재보험자에게 이전시킬 수 있으며 이를 Portfolio Transfer라고 하며 관련조항은 아래와 같다.

Premium Portfolio Clause

Within 60 days after the inception of this Agreement, the Company shall remit to the Reinsurer the unearned premium reserve on business ceded hereunder which was in force at the inception of this Agreement. The Reinsurer will allow a commission on the premium ceded at the rate provided herein. In consideration of the premium so transferred, and subject to the terms and conditions of this Agreement, the Reinsurer will accept liability for its share of losses which occur on or after the effective date.

제4절 보험료 및 수수료(Premium and Commission Clause)

Premium and Commission Clause

The premium due the Reinsurers on the amount of liability attaching hereunder shall be the gross net original premium included in the original policy or policies for limits attaching hereunder less a ceding commission of 30.0%. This commission shall cover all commissions and brokerages, taxes(excluding Federal Excise Tax), boards, bureau fees and all other expenses whatsoever which are the obligations of the Company excepting loss adjustment expenses.

For the purpose of this Agreement, the term "gross net original premium" shall mean the gross original premium, including additional premium for extended reporting periods, less returned premium for cancellations and reductions and premium ceded for inuring reinsurances.

위의 예문 조항에서 보듯이 출재계약에 대한 재보험료와 재보험 수수료에 대하여 규정하고 있다. 재보험으로 출재되는 계약에 대한 재보험료는 해당 원보험 계약의 보험료와 동일하며 또한 원보험 계약 조건에 따른 추가 보험료와 환급 보험료 역시 재보험 계약에도 동일하게 적용된다. 재보험 수수료는 출재회사가 지급한 보험 모집 경비와 기타 사무처리 비용을 재보험자가 출재회사에게 보전하는 성격의 비용이다.

제 5 절 이익 수수료(Profit Commission Clause)

Profit Commission (Flat Sharing) Clause

In addition to the ceding commission stipulated in the article entitled Premium and Commission, the Reinsurer shall pay the Company a profit commission of 25% of the amount by which the Reinsurer's Income exceeds the Reinsurer's Outgo for each experience period, provided the ceded earned premium for such experience period is not less than $5,000,000. If the ceded earned premium is less than $5,000,000 for any experience period, no profit commission shall be paid for that period.

A. The profit commission due shall be calculated in the following manner:

INCOME

(1) Premium Earned during the experience period.

(2) Reserve for outstanding losses (including the IBNR reserve) brought forward from the previous period, if any.

OUTGO

(1) Commission of 30% of Item (1) of INCOME.

(2) Losses and loss expenses paid less salvages and recoveries during the experience period.

(3) Reserve for outstanding losses (including an IBNR reserve of 11.5% of earned premium) at the end of the period.

(4) Reinsurer's overhead expense factor of 10% of Item (1) of INCOME.

(5) Deficit, if any, brought forward from the prior experience period.

B. The balance remaining after deducting OUTGO from INCOME shall constitute the profit of which 25% shall be payable to the Company.

C. In the event the above calculation should result in a loss for any given period, the deficit shall be carried forward to the ensuing period or periods until extinguished. No further profit commission shall be payable until the deficit has been offset and a credit balance has been restored.

D. The initial experience period shall be from July 1, 20X0 to June 30, 20X1, both days inclusive, and thereafter each experience period shall consist of twelve months to begin concurrently with the expiration of the previous experience period.

E. Upon termination, any period of less than twelve months from inception shall be considered as an experience period for purposes of this Article; any period of less than twelve months from anniversary will be considered as part of the immediate preceding experience period.

F. Upon termination, all calculations and payments of Profit Commission shall be suspended until all liabilities are extinguished.

G. Should this Agreement be terminated on a runoff basis wherein the Reinsurer is liable for losses occurring after the date of termination, then such runoff period shall be considered as part of the last experience period.

특약년도(Underwriting Year)별로 재보험 특약의 운영결과 언더라이팅 이익(Underwriting Profit)이 발생할 경우 재보험자는 동 이익을 출재회사와 공유할 수 있도록 출재회사에게 별도로 지급하는 수수료가 이익 수수료(Profit Commission)이다. 이는 출재회사의 언더라이팅 실적(Underwriting result)에 대한 재보험자의 보상이라는 성격을 지니고 있다. 출재대상 계약의 건수가 많고 또한 출재보험료의 규모가 클 경우에 발생하는 언더라이팅 이익(Underwriting Profit)은 출재회사의 언더라이팅(Underwriting) 정책에 대하여 재보험자가 신뢰를 갖게 하며 대수의 법칙에 따라 재보험 계약의 전체 포트폴리오(Portfolio)가 안정적이라고 말할 수 있다.

이익 수수료를 출재회사와 나누는 방법에 따라 Flat Profit Commission과 Sliding Scale Profit Commission이 있다. Flat Profit Commission은 이익(Profit)에 대하여 고정률(예문의 경우에는 25%)을 적용하여 이익 수수료를 계산하는 방법이고 Sliding Scale Profit Commission은 이익률(손해율)에 따라 이익 수수료율이 가변적이다. 즉 이익이 커질수록 이익 수수료율이 증가한다. 동 조항에서는 또한 이익 수수료 계산방법, 손실 발생시 손실금의 이월 및 이익 수수료 계산기간 등에 대하여 규정하고 있다. 위의 예문조항 C항에서는 언더라이팅 손실(Underwriting Loss)이 발생할 경우에 동 손실금이 소진될 때까지 계속 이월하도록 규정하고 있으나, 손실 이월 기간을 3년 등 일정 기간으로 제한하는 경우도 있다.

참고로 Sliding Scale Profit Commission에 대한 예문 조항은 아래와 같다.

Commission Adjustment (Sliding Scale) Clause

A. The provisional commission allowed the Company shall be adjusted periodically in accordance with the provisions set forth herein. The first adjustment period shall be from the effective date of this Agreement through December 31, 20X1, and each subsequent twelve-month period shall be a separate adjustment period, unless this Agreement is terminated, in which event the final adjustment period shall be from the beginning of the then current adjustment period through the date of termination if this Agreement is terminated on a "cutoff" basis, or the end of the runoff period if this Agreement is terminated on a "runoff" basis.

B. The adjusted commission rate shall be calculated as follows and be applied to premium earned for the period under consideration:

1. If the ratio of losses incurred to premium earned is 62.5% of greater, the adjusted commission rate for the period under consideration shall be 27.5%.
2. If the ratio of losses incurred to premium earned is less than 62.5%, but not less than 37.5%, the adjusted commission rate for the period under consideration shall be 27.5% plus one-third of the difference in percentage points between 62.5% and the actual ratio of losses incurred to premium earned.
3. If the ratio of losses incurred to premium earned is 37.5% or less, the adjusted commission rate for the period under consideration shall be 35.83%.

C. If the ratio of losses incurred to premium earned for any period is greater than 62.5%, the difference in percentage points between the actual ratio of losses incurred to premium earned and 62.5% shall be multiplied by premium earned for the period and the product shall be carried forward to the next adjustment period as a debit (addition) to losses incurred. If the ratio of losses incurred to premium earned for any period is less than 37.5%, the difference in percentage points between 37.5% and the actual ratio of losses incurred to premium earned shall be multiplied by premium earned for the period and the product shall be carried forward to the next adjustment period as a credit (deduction) to losses incurred.

D. The Company shall calculate and report the adjusted commission on premium earned within 90 days after the end of each adjustment period (unless this Agreement is terminated, in which event the calculation shall be made within 90 days after all liabilities have been extinguished). Each such calculation shall be based on cumulative transactions hereunder for the adjustment period, including, as respects losses incurred, any debit or credit from the preceding adjustment period. If the adjusted commission on premium earned for the adjustment period is less than commissions previously paid by the Reinsurer on premium earned for the same period, the Company shall remit the difference to the Reinsurer with its report.

If the adjusted commission on premium earned for the adjustment period is greater than commissions previously paid by the Reinsurer on premium earned for the same period, the Reinsurer shall remit the difference to the Company as promptly as possible after receipt and verification of the Company's report.

E. "Losses Incurred" as used herein shall mean ceded losses and loss adjustment expenses paid as of the effective date of calculation, plus the ceded reserve for losses and loss adjustment expenses outstanding as of the same date, less ceded reserve for losses and loss adjustment expenses outstanding at the beginning of the adjustment period under consideration, plus(minus) the debit(credit) from the preceding adjustment period.

F. "Premium Earned" as used herein shall mean ceded unearned premium at the beginning of the adjustment period under consideration, plus ceded net written premium during the period, less ceded unearned premium at the end of the period.

제6절 재보험 회계 및 청산(Reports and Remittances Clause)

Reports and Remittances Clause

The Company shall maintain adequate records showing the particulars of the risks ceded and percentages reinsured hereunder, and similar records of alterations, cancellations, rearrangements, and additions in which the Reinsurer is interested.

Within forty-five days after the close of each month, the Company shall forward to the Reinsurer the following accounting and statistical data in connection with the month's transaction:

(1) Individual cession data plus summary by major line showing the

written or return premium, commission or return commission, paid loss and paid loss adjustment expense, salvages and recoveries falling to the share of the Reinsurer, and balance due to or from the Reinsurer.

(2) Total amount of outstanding losses and unearned premium ceded hereunder.

The balance due to or from Reinsurer as set out in item(1) above shall be payable within 60 days of the close of the account month.

The Company shall also furnish the Reinsurer at the close of each quarter:

(1) Its unearned premium by major class,

(2) Paid loss and loss adjustment expenses by major class and year of occurrence,

(3) Outstanding losses by major class and year of occurrence, and

(4) Written Premium by major class.

The Company shall also furnish any other information to the Reinsurer as required for the filing of its Annual Statement. In the event of an industry designated catastrophe affecting this Agreement, the Company undertakes to appropriately designate losses paid and outstanding resulting therefrom on its normal accounts.

동 조항에서는 비례재보험 특약의 운영과 관련된 재보험 회계 및 정산에 대하여 규정하고 있다. 출재회사는 재보험 회계의 근거가 되는 출재계약에 대한 모든 자료와 정보를 비치하고 이를 적절히 관리하고 있어야 한다.

동 조항에서는 일정시점 단위로 출재계약의 명세(Bordereaux)를 정해진 기간 내(위의 예문 조항에서는 해당 월 마감 후 45일 내)에 재보험자에게 통보하도록 하고 있다.

통상 재보험 회계는 월별, 분기별 또는 반기별을 단위로 이루어지도록 규정하고 있다. 재보험 회계 단위기간이 짧을수록 재보험자에게는 유리하다고 하겠다. 왜냐하면 재보험자의 입장에서는 특약의 운영실적을 수시로 점검하기를 선호하며 또한 회계 단위 기간이 짧을수록 재보험 회계와 대차청산에 따른 현금흐름(Cash Flow)면에서 재보험자에게 유리하기 때문이다. 위의 예문 조항에서는 재보험 회계의 대차청산이 해당 월 회계마감 후 60일 내에 이루어지도록 하고 있으나, 일반적으로 회계 마감 후 대차청산이 30~90일 내에 이루어지도록 하고 있다.

위의 예문 조항에서 보는 바와 같이 출재회사는 일정기간별(분기)로 보험 종목별 수입 보험료, 미경과 보험료, 사고년도별 지급 보험금 및 미지급 보험금 등에 대한 자료와 함께 대이재 사고(Catastrophe) 발생의 경우에는 이에 대한 보험 손해 정보를 재보험자에게 통보하도록 하고 있다.

제 7 절 즉시불 보험금(Cash Loss Clause)

Cash Loss Clause

In the event the amount of a loss paid by the Company under insurance subject to this Agreement as a result of any one occurrence exceeds $250,000, the Reinsurer share will, at the option and demand of the Company, be paid by special remittance immediately; but the Reinsurer shall have the right to deduct from such special remittance any overdue balance due the Reinsurer. Any special remittance made pursuant to this provision is to be credited to the Reinsurer in the account in which the paid loss appears.

출재회사가 대형 보험사고로 인한 보험금을 지급할 경우에 지급할 보험금이 일정액을 초과하게 되면 즉시 재보험자에게 재보험금의 청산을 위한 송금을 요청할 수 있도록 규정한 조항이다.

이는 대형 보험사고로 큰 규모의 보험금이 지급될 경우에 출재회사의 보험금 지급에 소요되는 자금의 압박을 덜어주기 위한 취지의 규정으로 추후에 즉시불 보험금(Cash Loss)이 이루어진 해당 회계기간의 지급 보험금(Paid Loss) 항목에 이를 반영하도록 하고 있다.

제 8 절 용어 정의(Definitions Clause)

Definitions Clause

Policies: The term "policies" when used herein shall mean all binders, policies, contracts, and other obligations of insurance issued by the Company.

Surplus Liability: "Surplus liability" shall mean that portion of the Company's gross liability on any risk that exceeds the amount of its net retention.

Net Loss: "Net Loss" shall mean the actual loss or losses sustained by the Company as defined in the original policy, excluding loss adjustment expenses, after deduction of salvage and recoveries.

Loss Adjustment Expense: "Loss adjustment expense" shall mean expenses incurred by the Company in the adjustment and defense of a claim, other than office expenses of the Company and salaries of its regular employees, less any recoveries of such expenses, and shall include litigation expenses and interest on judgments, if any.

Risk: The Company shall be the sole judge of what constitutes one risk.

Occurrence: "Occurrence" as used herein shall mean each accidents or occurrences or series of accidents or occurrences arising out of one event.

비례재보험 특약의 계약서상에 사용되는 각종 용어를 정의한 조항으로 이처럼 별도의 용어 정의 조항(Definition Clause)을 두지 않고 각 해당 조항에서 관련 용어를 설명하는 형식을 취하기도 한다.

제 9 절 보험손해 및 손해사정 비용(Loss and Loss Adjustment Expense Clause)

Loss and Loss Adjustment Expense Clause

The Company at its full, sole discretion shall adjust, settle or compromise all claims or losses.

Any loss settlement made by the Company, whether under the strict conditions of the policy or by way of compromise, shall be unconditionally binding upon the Reinsurer in proportion to its participation hereunder.

The Reinsurer shall bear its proportionate share of all expenses incurred by the Company in the investigation, adjustment, appraisal, or defense of all claims under policies reinsured hereunder (excluding, however, office expenses and salaries of employees of the Company), and shall receive its proportionate share of any recoveries of such expenses.

The Reinsurer's proportionate share of paid losses and loss adjustment expenses shall be carried into the next account for which payment is provided in accordance with the Reports and Remittances clause included herein.

In the event of a loss being reported to the Company before a cession has been made hereunder, the Company shall nevertheless be entitled to claim on the Reinsurer in conformity with the amount which the Company usually retains and cedes to this treaty on such risk or risks in the same or similar localities as established by its books and practices.

If there are any recoveries, salvages or reimbursements subsequent to a loss settlement, and if the expenses incurred in obtaining salvage or other recoveries are less than the amount recovered, such expense shall be borne by each party in the proration that each party benefits from the recoveries, otherwise, the amount recovered shall first be applied to the reimbursement of the expense of recovery, and the remaining expense shall be borne by the Company and the Reinsurer in proportion to the liability of each party for the loss before such recovery has been obtained.

All salvages, recoveries and payments recovered or received subsequent to a loss settlement under this Agreement shall be applied as if recovered and received prior to the said settlement; and all necessary adjustments shall be made by the parties hereto.

동 조항은 출재회사에게 보험손해 처리에 대한 권한을 부여하고 재보험자에게는 재보험 계약상 자신의 인수 지분에 해당하는 재보험금과 손해사정 비용을 지급하도록 규정하고 있다.

초과액 재보험 특약(Surplus Reinsurance Treaty)에서 재보험 출재 전에 발생한 보험사고에 대하여 출재회사는 자사의 보유 규정(Retention Table)에 따라 사고 후 재보험 출재에 대하여 자신의 책임을 부담하며, 보험금 지급 후 발생한 잔존물 처리와 대위권의 행사 등으로 인한 보험금의 회수분에 대하여는 재보험자도 이에 대한 지분의 권리가 있음을 아울러 규정하고 있다.

제10절 출재회사의 이행보증(Warranties Clause)

Warranties Clause

Excess of Loss Reinsurance:

It is understood and agreed that the Company will maintain common account excess of loss reinsurance for the benefit of reinsurers of $250,000 excess of $250,000 per occurrence, and that the Reinsurer will be advised annually, and must approve, of the reinsurers thereon.

Minimum Net Retention:

The Company warrants that its minimum net retention on any risk reinsured hereunder will be $100,000 or 10% of total insured values, whichever is greater and that, with the exception of catastrophe reinsurance, this net retention will remain un-reinsured in any way.

Facultative Reinsurance:

The Company may, at its discretion, purchase pro-rata facultative reinsurance to supplement its per risk capacity. Excess facultative may not be purchased without the specific written consent of the Reinsurer.

재보험 특약 체결과 관련하여 재보험자가 출재사에게 제시하거나 요구한 재보험 계약과 관련된 전제조건이나 출재회사가 일방적으로 제시한 약속에 대하여 출재회사의 이행을 보증하는 규정이다. 통상적으로 출재사의 이행을 보증하는 내용에는 재보험자의 이해관계와 관련 있는 사항들이 대부분이다. 출재회사는 동 규정의 내용들을 해당 재보험 특약 관련 업무를 수행하는 언더라이터(Underwriter)에게 항상 주지시키고 이행 여부를 확인할 필요가 있다고 하겠다.

제11절 출재회사 보유 및 특약한도: 비례재보험 특약 (Retention and Limits Clause – Quota share Reinsurance Treaty)

Retention and Limits Clause – Quota Share Reinsurance Treaty

As respects business subject to this Agreement, the Company shall cede to the Reinsurer and the Reinsurer agrees to accept 35% of the liability on policies issued by the Company, subject to the following maximum limits per risk:

Homeowners:

Section 1(Property)

$200,000 Any one dwelling risk
$100,000 Personal Property
$20,000 Additional living expense
$20,000 Appurtenant private structures

Section 2(Liability)

$100,000 Comprehensive personal liability
$1,000/$10,000 Medical payments

Dwelling Fire:

$100,000 Any one dwelling risk
$35,000 Personal Property

The Company is the sole judge of what constitutes one risk.

The Company may issue policies with property limits in excess of the above amounts, and in such cases, the excess shall be deemed to be reinsured elsewhere on a proportional basis.

동 조항은 비례재보험 특약(Quota Share Reinsurance Treaty)에서 출재회사의 재보험 계약의 출재와 재보험자의 재보험 계약의 인수가

의무적인 것임을 언급하고, 각 출재 대상 계약별 재보험 특약한도액(Maximum Per Risk Limitation)과 출재율에 대하여 규정하고 있다. 출재회사는 특약한도액을 초과하는 원보험 계약을 인수할 수 있으며 이러한 경우에 필요한 별도의 재보험 계약을 추가로 체결할 수 있음을 아울러 규정하고 있다.

제12절 출재회사 보유 및 특약한도: 초과액 재보험 특약 (Retention and Limits Clause－Surplus Reinsurance Treaty)

초과액 재보험 조항(Surplus Clause)에서는 출재회사의 보유에 대한 정의(Definition), 출재회사의 보유액(Retention), 특약한도액(Treaty Limit) 및 출재 방법과 조건 등을 규정하고 있으며, 1차 초과액(1st Surplus), 2차 초과액(2nd Surplus) 및 3차 초과액(3rd Surplus) 등 초과액 재보험 특약(Surplus Reinsurance Treaty)의 재보험 담보력(Capacity)에 대한 순차(Layer)별 우선순위에 대하여 아래의 예문 조항과 같이 규정하고 있다.

First Surplus Liability Clause

"First Surplus Liability" shall be defined as that portion of the gross liability of the Company on any risk which exceeds the amount of its net retention.

Second Surplus Liability Clause

"Second Surplus Liability" shall be defined as that portion of the gross line of the Company which remains on any risk after deducting the net retention of the Company plus the amount of liability ceded to its First Surplus Treaty.

위의 예문에서 보는 바와 같이 1차 초과액 재보험 특약(1st Surplus Reinsurance Treaty)의 특약한도(Treaty Limit)가 전액 소진된 이후에만 2차 초과액 재보험 특약(2nd Surplus Reinsurance Treaty)에의 재보험 출재가 가능하도록 함으로써 재보험 담보력 사용의 우선순위를 두고 있다.

- 출재회사의 순보유(Net Retention Clause)
  초과액 재보험 특약(Surplus Reinsurance Treaty)의 재보험 조항(Reinsuring Clause)상 규정된 출재회사의 순보유(Net Retention)의 정의는 다음과 같다.
- The term "net retention" as used herein shall mean the amount of liability on each risk while the Company elects to retain net for its own account and unreinsured in any way, except for catastrophe reinsurance.

출재회사가 초과액 재보험 특약 이외에 우선 출재가 이루어지는 비례재보험 특약(Quota Share Reinsurance Treaty, Underlying)이 있을 경우 위의 예문 규정은 아래와 같이 수정된다.

- The term "net retention" as used herein shall mean the amount of liability on each risk which the Company elects to retain net for its own account. The Companies' 35% percent Quota Share Treaty shall be disregarded and not taken into account in calculating the net retention.

- 출재회사의 보유 및 특약한도
(Retention and Limits Clause – Surplus Reinsurance Treaty)

Retention and Limits Clause – Surplus Reinsurance Treaty

For the purpose of this treaty, cessions to this treaty shall be limited to five(5) times the net retention subject to a maximum of $1,000,000.

Notwithstanding the provisions above, no risk shall be reinsured hereunder on which the net retention of the Company is less than $100,000.

초과액 재보험 특약(Surplus Reinsurance Treaty)에서 출재회사의 보유(Retention)와 재보험 특약한도액(Treaty Limit)을 규정한 조항으로 특약한도액은 출재회사의 보유한도액(Line)에 대한 배수(Line 수) 혹은 금액으로 표시된다.

Chapter 9

비비례재보험 특약서

이 장에서는 비비례재보험 특약(Non-Proportional Reinsurance Treaty 또는 Excess of Loss Reinsurance Treaty)의 재보험 계약서에서만 사용되는 관련 조항들을 살펴보겠다.

제 1 절 담보계약(Business Covered Clause)

Business Covered Clause

This Agreement is to indemnify the Company in respect of the net excess liability which may accrue to the Company as a result of any loss or losses which may occur during the currency of this Agreement under any and all binders, policies and contracts of insurance, either oral or written, (hereinafter called "policies") in force or issued or renewed on or after the effective date of this Agreement, and classified by the Reinsured as Fire, Allied Lines, Inland Marine, and the property sections of Commercial Multiple Peril, Homeowners and Mobilehomeowners.

동 조항은 초과손해 재보험 특약(Excess of Loss R/I Treaty)에서 담보하는 대상 계약과 재보험자의 보상손해에 대하여 규정하고 있다. 우선 담보대상 계약은 재보험 특약 기간 내에 보험 계약 기간이 종료되지 않은 유효한 계약만을 담보대상 계약으로 한정하고 있으며, 재보험자가 보상하는 손해는 재보험 특약 개시일 이후에 발생한 보험 손해가 된다. 유효한(In-Force) 보험계약이란 초과손해 재보험 특약의 계약기간 중에 갱신되는 보험계약을 포함하고 있으므로 초과손해 재보험 특약에서 재보험료 산정의 근거(Base)가 되는 대상 수입 보험료(Subject Premium Income)에는 재보험 특약 개시일 현재 유효한 모든 보험계약과 함께 새로 인수하는 신규계약과 갱신계약의 해당 보험료가 모두 포함된다. 초과손해 재보험 특약의 담보대상 보험계약을 특약 개시일 이후 출재회사가 인수한 신규보험 계약이나 갱신되는 계약만을 담보대상으로 하는 조건(Policy Attaching Basis)으로 운영되는 재보험 특약도 있다.

제 2 절 순보유분에 대한 담보(Net Retained Lines Clause)

Net Retained Lines Clause

Except as otherwise provided in Article __, Ultimate Net Loss, this Agreement applies only to that portion of any insurance or reinsurance which the Reinsured retains net for its own account. In calculating the amount of any loss hereunder and also in computing the amount in excess of which this Agreement attaches, only loss or losses in respect of that portion of any insurance or reinsurance which the company retains net for its own account shall be included.

The amount of liability of the Reinsurer hereunder in respect of any loss or losses shall not be increased by reason of the inability of the Reinsured to collect from any other reinsurers, whether specific or general, any amounts which may have become due from them, whether such inability arises from the insolvency of such other reinsurers or otherwise.

동 조항은 재보험자가 보상하는 손해는 출재회사의 순보유분에 대한 손해에만 국한하는 것으로 재보험 특약의 피보험 이익을 규정하고 있다. 만일 출재회사가 운영하는 비례재보험 특약(Quota Share Reinsurance Treaty)에 참여한 재보험자의 손해를 함께 담보할 경우에는 이에 맞게 동 조항을 수정하여야 한다. 동 조항은 출재회사가 운영하는 여타의 재보험 특약과 관련하여 재보험금의 미회수분이 있을 경우에 이로 인하여 재보험자의 재보험 특약상 보상 손해액이 증가하지 않는다는 점을 아울러 규정하고 있다.

제 3 절 책임개시 및 종료(Commencement and Termination Clause)

Commencement and Termination Clause

This Agreement shall become effective as of January 1, 2012, at 12:01 A.M., Standard Time, and shall remain in force until terminated at 12:01 A.M., Standard Time, any January 1, by either party giving to the other at least 90 days prior notice in writing.

Upon termination of this Agreement, the reinsurer shall not be liable for any claims or losses occurring after the effective time and date of termination.

The term "12:01 A.M., Standard Time" as used herein shall mean 12:01 A.M. local standard time at the place where the risk upon which loss is sustained is located.

동 조항은 계속 계약 형태인 초과손해 재보험 특약의 책임 개시일과 종료일을 규정하고 있다. 위의 예문 조항의 두 번째 문단은 재차 언급할 필요가 없으나 재보험자의 잔존책임(Run-off Liability)이 없음을 분명히 하기 위함이다.

제 4 절 출재회사 보유손해 및 재보험자 보상한도 (Retention and Limits Clause)

동 조항은 초과손해 재보험 특약(Excess of Loss R/I Treaty)상 담보대상 계약에 대한 출재회사의 보유손해(Retention)와 재보험회사의 보상한도액(Limit)을 각각 규정하고 있다. 출재회사의 보유손해와 재보험회사의 보상한도액은 아래와 같이 여러 가지 기준에 의해 정해진다.

- 매 사고당(Any one occurrence): Per Occurrence Cover
- 매 사고당 또는 매 Event 당(Any one occurrence or series of occurrences arising of a single event): Per Occurrence Cover
- 매 개별 손해액의 누적이 일정 금액을 초과(An accumulation of individual losses exceeding a specified amount): Aggregate Excess of Loss
- 매 위험당 매 사고당(Each Loss, Each risk): Property Per Risk Excess
- 경과 보험료 기준 손해율(Loss ratio percentage of earned premium): Stop Loss

통상적으로 재산보험(Property Insurance)에 대한 초과손해 재보험 특약의 경우에는 매 사고당(Any one occurrence)을 기준으로 출재회사의 보유손해(Retention)와 재보험자의 보상한도(Limit)가 정해지는바 관련 조항의 규정은 아래와 같이 표현된다.

> "Shall retain the first $______ of ultimate net loss any one occurrence, and the liability of the Reinsurer shall not exceed $______ any one occurrence."

매 사고 또는 매 Event를 기준으로 한 출재회사의 보유금액과 재보험자의 보상한도액은 담보 대상이 되는 개별 보험 계약자의 수나 보험 계약의 건수에 불문하고 출재사의 보유금액과 재보험자의 보상한도액이 정해지는 Property Catastrophe Cover나 Casualty Excess of Loss Cover에서 주로 사용된다. 이와 같은 경우 재보험 특약서의 관련 조항은 아래와 같다.

> "Shall retain the first $______ of ultimate net loss arising out of or caused by each loss occurrence(whether involving any one or any combination of classes of business covered hereunder, regardless of the number of policies under which such loss is payable or the number of different interests insured) arising out of each occurrence."

출재회사가 부담하는 개별 보험사고와 관련된 손해액의 누적이 일정 금액을 초과할 경우에 재보험자의 보상한도액 내에서 재보험금이 지급되는 누적 초과손해 재보험 특약(Aggregate Excess of Loss Reinsurance Cover)은 주로 모든 종목의 보험 계약을 일괄하여 담보하기 위해 사용되는 재보험 방법으로 관련 조항은 아래와 같다.

Aggregate Retention Clause

The Reinsured shall retain the first $100,000 of ultimate net loss on each risk in each occurrence, and the Reinsurer shall indemnify the Reinsured for the amount of ultimate net loss sustained by the Reinsured in excess of $100,000 on each risk each occurrence, but the liability of the Reinsurer shall not exceed $400,000 as respects each risk each occurrence, all subject to the annual aggregate deductible. In addition to the amount of the retention of the Reinsured on each risk each occurrence, the Reinsured shall also retain an annual aggregate deductible, being that amount of the aggregate of excess losses occurring in each annual period equivalent to 3 percent of the Earned Premium of the Reinsured, or $1,200,000 whichever is greater.

출재회사의 보유손해와 재보험자의 보상한도액이 매 위험당/매 사고당을 기준으로 하는 Per Risk Excess of Loss Cover의 관련 조항은 아래와 같다.

> "$______ of ultimate net loss as respects each risk, each occurrence, the liability of the Reinsurer shall not exceed $______ as respects any one risk each occurrence, nor $______ as respects all risks in one occurrence."

출재회사가 특정 사업년도의 손해율을 일정 수준 이하로 유지할 목적으로 체결하는 비비례재보험 특약(Non-Proportional Reinsurance Treaty)이 Stop Loss Cover이며 출재회사의 보유손해는 아래와 같은 방식으로 표현된다.

> "Exceeding an amount equal to ____ percent of net earned premium during the calendar year."

클레임(Claim) 관련 조항

비례재보험 특약에서는 대형사고에 따른 보험손해를 제외하고는 통상적으로 수많은 소규모 보험사고와 관련된 재보험금이 재보험료와 함께 재보험자에게 통보되나 초과손해 재보험 특약(Excess of Loss R/I Treaty)에서는 출재회사의 보유손해(Retention)를 초과할 것으로 예상되는 소수의 대상 보험사고에 대해서만 출재회사가 재보험자에게 통보한다.

재보험자는 자신에게 통보되는 담보대상 보험사고 손해에 대한 클레임 처리 상황을 계속 점검할 필요가 있으며, 특히 출재회사의 클레임 처리에 많은 관심을 갖고 지켜보기 마련이다. 이와 같은 클레임 처리와 관련된 조항들이 손해 통보 및 청산 조항(Loss Notice and Settlement Clause), 최종 정미 손해 조항(Ultimate Net Loss Clause) 및 보험손해 협의 조항(Counsel and Concurrence Clause) 등이다.

제 5 절 손해 통보 및 재보험금의 청산 (Loss Notice and Settlement Clause)

Loss Notice and Settlement Clause

The Reinsured shall notify the Reinsurer of any losses which exceed 50% of the retention of the Reinsured. The Reinsured must also advise the Reinsurer of any subsequent developments with said loss, including but not limited to reserve changes, suit filings, and loss payments.

Isolated and inadvertent omissions or oversights with respect to said notification shall not relieve the Reinsurer from liability. However, the Reinsured must rectify any omissions or errors once they are aware of them.

Further, the Reinsured shall notify the Reinsurer whenever a claim involves a fatality, amputation, spinal cord damage, brain damage, blindness, extensive burns or multiple fractures, regardless of liability, and if the policy limits or statutory benefits applicable to the claim are greater than the Reinsured's retention hereunder. The Reinsurer shall have the right to participate, at its own expense, in the defense or control of any claim or suit or proceeding involving this reinsurance.

All loss settlements made by the Reinsured, provided they are within the conditions of the Reinsured's original policies and within the terms of this Agreement, shall be unconditionally binding upon the Reinsurer and the Reinsurer's share shall be payable at the same time and in the same manner as the Reinsured may elect to pay, upon reasonable evidence of the amount paid or to be paid being given by the Reinsured.

동 조항은 출재회사에게 재보험 계약상 재보험자가 보상할 보험손해나 보상하게 될 것으로 예상되는 보험사고의 발생시에 이를 재보험자에게 통보해야 할 재보험 계약상 의무와 함께 원보험 계약조건에 따라 정당하게 지급한 보험금에 대하여 재보험자가 이를 따를 의무를 각각 부여하고 있다.

상기 예문 조항에서는 출재회사의 보유 손해를 초과하는 보험사고 클레임과 함께 출재회사의 보유손해(Retention)의 50%를 초과하는 보험사고 클레임도 재보험자에게 통보할 것을 규정하고 있다.

한편, 각종 중증 신체 상해 손해(Bodily Injury)도 통보대상 보험 손해로 규정하고 있는 바 이는 배상책임 보험(Liability Insurance)과 같은 클레임 처리에 장기간이 소요되는 보험종목 계약(Long-tail business)을 담보하는 책임 보험(Casualty Insurance)에 대한 초과손해 재보험 특약(Casualty Excess of Loss Reinsurance Treaty)에서는 매우 보편적인 규정이다.

동 조항은 또한 출재회사 직원의 사무 착오로 인하여 재보험 담보대상 보험사고에 대한 통보의무를 제대로 이행하지 못한 경우에도 이를 이유로 재보험자의 계약상 보상책임이 면제되거나 경감되지 않음을 아울러 규정하고 있는 한편 출재회사의 클레임 처리에 재보험자의 참여권을 인정하고 있다.

제 6 절 최종 정미 손해(Ultimate Net Loss Clause)

Ultimate Net Loss Clause

The term "Ultimate Net Loss" shall mean the actual loss sustained by the Rinsured under its policies, such loss to include all expenses incurred by the Reinsured in connection with the settlement of such loss including litigation, if any, but shall not include any salaries of officers or employees of the Reinsured.

All salvages and recoveries, whether recovered or received prior or subsequent to loss settlement under this Agreement, including amounts recoverable under other reinsurances, whether collected or not, shall be applied as if recovered or received prior to such loss settlement and shall first be deducted from the actual loss sustained to compute the amount of ultimate net loss. Nothing in this Article shall be construed to mean that losses under this Agreement are not recoverable until the ultimate net loss of the Reinsured has been ascertained.

동 조항은 초과손해 재보험 특약(Excess of Loss R/I Treaty)의 핵심 조항으로 출재회사의 보유손해(Retention)와 재보험자의 보상한도액

(Limit)이 적용되는 손해액의 평가 기준을 정하고 있다. 상기 예문 조항에서 보듯이 동 조항에서는 보험사고 손해(Loss)와 손해 사정 비용(Loss Adjustment Expense)은 물론이고 잔존물 처리와 대위권 행사에 따른 보험금의 회수와 별도의 재보험 계약상 재보험금의 회수(Salvage and Recoveries)에 대하여 아울러 규정하고 있다.

최종 정미 손해액은 출재회사가 지급한 보험금에 손해 사정 비용을 포함한 후에 잔존물 처리와 대위권 행사로 회수한 보험금과 여타 재보험 계약상 회수된 재보험금을 공제한 금액이 된다. 동 조항은 잔존물 처리와 대위권 행사로 회수한 보험금과 다른 재보험 계약상 회수된 재보험금은 초과손해 재보험 특약에 의하여 해당 재보험금이 지급된 이후에 회수되더라도 이를 공제하도록 규정하고 있다.

제 7 절 보험손해 협의(Counsel and Concurrence Clause)

Counsel and Concurrence Clause

The Reinsurer may, at its discretion and own expense, become involved in any claim or any dispute regarding said claim or dispute, including suits. The Reinsurer may request counsel and concurrence on a dispute involving a claim if that claim exceeds $______ or more than 50% of the limit provided hereunder.

동 조항은 재보험회사에게 출재회사의 클레임 처리 업무에 참여할 수 있는 권리를 부여하는 한편 클레임에 대하여 보험 계약자와 분쟁이 있거나 또는 중요한 소송과 같이 필요하다고 인정되는 특별한 경우에 출재회사가 해당 클레임 처리에 대하여 재보험자와 협의를 거치며 동의를 구하도록 규정하고 있다. 그러나 모든 초과손해 재보험 특약(Excess of Loss Reinsurance Treaty)에 이와 같은 조항을 두고 있는 것은 아니다. 동 조항은 배상책임 보험 클레임의 경우에 제3자인 클레임 청구인(Claimant)이 직접 재보험자를 상대로 소송을 제기할 수 있는 여지를 제공하기 때문에 재보험자는 이에 대한 세심한 배려가 요구된다.

제 8 절 재보험료(Premium Clause)

Premium Clause

A. The Reinsured will pay the Reinsurer an annual deposit premium of $400,000 for the term of January 1, 2011 to January 1, 2012. The deposit premium is payable in installments of $100,000 due at January 1, April 1, July 1, and October 1, 2011.

B. As soon as practicable after January 1, 2012, the Reinsured will calculate the premium due the Reinsurer at a rate of 5.5% of the Gross Net Written Premium Income of the Reinsured during the term of this Agreement on all business the subject matter of this Agreement subject to a minimum premium of $400,000.

C. The term "Gross Net Written Premium Income" as used in this Agreement will mean the Gross Written Premium Income on business, the subject matter of this Agreement, less premium paid for other reinsurance, recoveries under which would inure to the benefit of this Agreement, less cancellations and returns.

D. All premium referred to in this Agreement shall be considered as being written premium.

동 조항은 위의 예문에서 보는 바와 같이 초과손해 재보험 특약(Excess of Loss Reinsurance Treaty)의 재보험료와 재보험료 산정방식에 대하여 규정하고 있다. 원보험 계약의 요율과 계약조건이 재보험 계약에도 동일하게 적용되는 비례재보험 특약(Proportional Reinsurance Treaty)과는 달리 초과손해 재보험 특약의 재보험 요율은 재보험 담보대상 계약에 대한 보험사고로 인하여 재보험자가 보상하게 될 예상 보험손해액(Expected Loss)을 근거로 재보험 담보대상 계약의 총 수입 보험료(Gross Net Premium Income, GNPI)에 적용하게 될 기본(순) 재보험 요율을 산정한 후에 여기에 재보험자 경비와 적정 이윤을 추가하여 최종 재보험 요율이 산정된다. 위와 같은 과정을 거쳐 결정된 재보험 요율을 재보험 특약 기간 중 발생할 예상 수입 보험료(Estimated GNPI)에 적용하여 산정된 잠정 재보험료의 75~80% 수준에서 최저 예치 보험료(Minimum and Deposit Premium)를 정하고 이를 재보험자에게 분할(통산 4회)하여 지급한다. 이후 재보험 특약기간이 종료되어 GNPI가 확정되면 이미 정하여진 재보험 요율을 이에 적용하여 최종적으로 확정된 재보험료가 산정되고 재보험자와 이를 정산하는 절차를 거친다. 확정된 GNPI가 예상 GNPI 보다 현저히 적어 확정된 재보험료가 최저 예치 보험료에 미달되더라도 최저 예치 보험료가 재보험료로 확정된다. 최저 보험료(Minimum Premium)와 예치 보험료(Deposit Premium)가 각각 다르게 책정되는 경우도 있다. 초과손해 재보험 특약(Excess of Loss Reinsurance Treaty)의 재보험료는 위와 같이 원보험 계약의 요율과는 전혀 다르며 별도의 방법으로 산정되기 때문에 비례재보험(Proportional Reinsurance Treaty) 특약의 경우와는 달리 재보험자가 출재회사에게 재보험 수수료(Reinsurance Commission)를 전혀 지급하지 않는다.

제 9 절 출재회사 보유 및 재보험 보상한도(Retention and Limits Clause : Property Per Risk Excess Cover)

Retention and Limits Clause – Property Per Risk Excess Cover

The Reinsured shall retain and be liable for the first $______ of ultimate net loss as respects any one risk, each occurrence. The Reinsurer shall then be liable for the amount by which such ultimate net loss exceeds the Reinsured's retention, but the liability of the Reinsurer shall not exceed $______ as respects any one risk each occurrence. The Reinsured shall be the sole judge of what constitutes one risk.

매 계약별/매 사고별로 재보험 담보가 이루어지는 재산 보험(Property Insurance)에 대한 Per Risk Excess of Loss Cover의 출재회사 보유손해(Retention)와 재보험자 보상한도(Limit)를 규정한 전형적인 조항이다. 간혹 재보험자는 출재회사의 책임 있는 클레임 처리를 촉구한다는 의미에서 출재회사에게 5~10%의 공동보험(Co-insurance) 조건을 요구할 수 있다. 이 경우 재보험자는 재보험 보상한도의 90~95%를 보상하게 된다.

Per Risk Excess of Loss Cover에서 재보험자의 위험당 보상한도 이외에 별도로 사고당 보상한도(Occurrence Limit)에 대하여 다음과 같이 제한을 둘 수 있다.

"It is further understood and agreed that the liability of the Reinsurer under this agreement on any one occurrence shall in no event exceed $______."

제10절 사고(손해) 발생(Loss Occurrence Clause)

Loss Occurrence – Hours Clause

The term "loss occurrence" shall mean each every accident, disaster or casualty or series of accidents, disasters or casualties arising out of or caused by one event subject to the following limitations:

A. As respects the perils of Hurricane, Tornado, Cyclone, Windstorm or Hail, all loss or losses sustained by the Reinsured, including losses ensuring from other perils covered hereunder following as a direct result of the perils named in this paragraph, occurring during a period of 72 consecutive hours and caused by the same event shall be considered as having arisen from one loss occurrence.

B. As respects the perils of Riot, Riot Attending a Strike, Civil Commotion or Vandalism and Malicious Mischief, all loss or losses sustained by the Reinsured including losses ensuing from other perils covered hereunder following as a direct result of the perils named in this paragraph, occurring during a period of 72 consecutive hours within the limits of one principal municipality or county and the municipalities or counties contiguous thereto shall be considered as having arisen from one loss occurrence. The maximum duration of 72 consecutive hours may be extended in respect of individual losses which occur beyond such 72 consecutive hours during the continued occupation of an insured's premises by strikers, provided such occupation commenced during the aforesaid period.

C. As respects the perils of Earthquake, Tidal Wave or Volcanic Eruption, all loss or losses sustained by the Reinsured, including losses ensuing from other perils covered hereunder following as a direct result of the perils named in this paragraph, occurring or commencing during a period of 72 consecutive hours and caused by the same event shall be considered as having arisen from one loss occurrence.

D. As respects the so called peril of "Winter Storm," all loss or losses as hereinafter specified sustained by the Reinsured, including losses ensuing from other perils covered hereunder following as a result of the perils described in this paragraph, occurring during a period of 168 consecutive hours and caused by the same event shall be considered as having arisen from one loss occurrence. The peril of "Winter Storm" shall be limited to loss or losses caused by weather related hazards of bursting frozen pipes, water damage as a result of melting snow and/or ice and/or collapse as a result of the weight of snow and/or ice.

E. As respects the peril of Flood, all loss or losses sustained by the Reinsured, including losses ensuing from other perils covered hereunder following as a direct result of the peril named in this paragraph, occurring during a period of 168 consecutive hours in a territory forming one and the same river basin and caused by same event shall be considered as having arisen from one loss occurrence. The term "river basin" shall be defined as the basin of the river, including the basins of all tributaries of said river, which flows directly into an ocean, bay, gulf or one of the Great Lakes of North America.

F. As respects all other perils covered hereunder not named or described in Paragraphs A.,B.,D.,or E. above, all loss or losses sustained by the Reinsured, occurring during a period of 168 consecutive hours and caused by the same event shall be considered as having arisen from one loss occurrence.

It is understood that losses arising from a combination of two or more of the perils described in Paragraphs A.,B.,C.,D.,E., and F. of this clause and arising as a result of the same event shall be considered as having arisen from one loss occurrence. Notwithstanding the foregoing, the hourly limitations as stated in Paragraphs A.,B.,C.,D.,E., and F. shall not be exceeded as respects the applicable perils and no single loss occurrence shall encompass a time period greater than 168 consecutive hours.

Except for those "loss occurrence" referred to in Paragraphs A., and B. above, the Reinsured may choose the date and time when any such period of consecutive hours commences provided that it is not earlier than the date and time of the occurrence of the first recorded individual loss sustained by the Reinsured arising out of that disaster, accident or loss and provided that only one such period of not more than 168 consecutive hours shall apply with respect to one event.

However, as respects those "loss occurrence" referred to in Paragraphs A. and B. above, if the disaster, accident or loss occasioned by the event is greater duration than 72 consecutive hours, then the Reinsured may divide that disaster, accident or loss into two or more "loss occurrences" provided no two periods overlap and no individual loss is included in more than one such period and provided that no period commences earlier than the date and time of the occurrence of the first recorded individual loss sustained by the Reinsured arising out of that disaster, accident or loss.

사고(손해) 발생 조항(Loss Occurrence Clause)은 출재회사의 보유손해(Retention)와 재보험자의 보상한도(Limit)를 정하는 기준이 매 사고당(Per Occurrence) 기준일 경우에는 매 사고에 대한 정의가 비교적 단순하나 출재회사의 보유손해와 재보험자의 보상한도가 매 계약당/매 사고당(Per Risk and Per Occurrence) 기준에 의할 경우에 특히 지진과 홍수 등 자연 재해(Natural Catastrophe)와 관련된 보험 사고 시 위의 예문 조항에서 보는 바와 같이 사고(손해) 발생(Loss Occurrence)에 대한 정의가 다소 복잡하다.

Chapter **10**

Catastrophe Excess of Loss Reinsurance 특약서

초과손해 재보험 특약(Excess of Loss Reinsurance Treaty)에서 하나의 보험사고에 복수의 보험 계약이 관련되어 있을 경우에 이를 Catastrophe Cover라고 한다. 즉 Catastrophe Cover는 지진이나 홍수 등 자연재해로 인한 손해의 경우처럼 수많은 보험 계약과 관련된 클레임들이 하나의 보험사고에 기인하고 있는 것이다. 보험회사는 이와 같이 발생 빈도는 적으나 사고 발생시 대규모 손해로 인한 막대한 보험금 지급이 예상될 경우를 대비하여 Catastrophe Excess of Loss Reinsurance Treaty를 체결하여 지불능력 확보를 위한 전사적 차원의 위험 관리를 시행하게 된다. Catastrophe Excess of Loss Reinsurance Treaty에 적용되는 기본 조항들인 출재회사 보유손해 및 재보험 보상한도(Retention and Limits Clause), 여타 재보험(Other Reinsurance Clause), 최종 정미 손해(Ultimate Net Loss Clause) 및 보상한도의 복원(Reinstatement Clause)에 대한 제반 규정들을 살펴보고자 한다.

제 1 절 출재회사 보유손해 및 재보험 보상한도 (Retention and Limits Clause)

Retention and Limits Clause

The Reinsurer shall not be liable for any loss until the ultimate net loss of the Reinsured in each loss occurrence exceeds $4,000,000, and then the Reinsurer shall be liable for 95% of the ultimate net loss of the Reinsured in each loss occurrence in excess of $4,000,000, but the liability of the Reinsurer shall not exceed $5,700,000(being 95% of $6,000,000) with respect to each loss occurrence, nor $11,400,000 (being 95% of $12,000,000) with respect to all loss occurrences during the term of this Agreement.

In addition to its initial retention each loss occurrence, the Reinsured shall retain 5% of the excess ultimate net loss to which this Contract applies.

출재회사가 Catastrophe Excess of Loss Reinsurance Program을 기획할 때 소요되는 재보험 비용(주로 재보험료) 등을 감안하여 통상적으로 매 위험당(Per Risk) 출재회사 최대 보유금액(Maximum Retention)의 4~5배의 금액을 동 Catastrophe Program상 출재회사 보유손해로 설정한다.

또한 위의 예문 조항에서 보듯이 대부분의 Catastrophe Excess of Loss Reinsurance Cover에서는 통상적으로 출재회사가 모든 재보험 클레임의 5~10%를 부담하는 공동보험(Co-Insurance) 조건을 부과하고 있어, 재보험회사의 실질적인 최대 보상한도액은 재보험 계약상 재보험 보상한도(Limit)의 90~95% 수준이 된다. Catastrophe Excess of Loss Reinsurance Cover의 계약기간은 통상적으로 1년이기 때문에 1년이 경과하면 재보험 계약이 자동적으로 종료된다.

제 2 절 여타 재보험(Other Reinsurance Clause)

Other Reinsurance Clause

It is understood and agreed that the Reinsured has in force excess of loss reinsurance on a "per risk" basis, recoveries under which shall be deducted in arriving at the ultimate net loss to the Reinsured and shall inure to the benefit of the Reinsurer hereon.

It is understood and agreed that the Reinsured has in force underlying catastrophe reinsurance, recoveries under which shall inure to the sole benefit of the Reinsured and shall be entirely disregarded for the purpose of determining the ultimate net loss of the Reinsured under this Agreement.

Catastrophe Excess of Loss Reinsurance Treaty의 여타 재보험 조항(Other Reinsurance Clause)은 출재회사가 운영하고 있는 여타의 재보험 프로그램상 회수하는 재보험금이 있을 경우 동 특약의 출재회사 보유한도(Retention)와 재보험 보상한도(Limit)에 각각 어떻게 적용되는지를 규정한 조항이다.

위의 예문 조항에서는 출재회사가 운영중인 또 다른 재보험 특약인 Per Risk Excess of Loss Reinsurance Cover와 Underlying Catastrophe Excess of Loss Reinsurance Cover에 대하여 언급하고 있다. 즉 Per Risk Cover에서 회수한 재보험금은 최종 정미 손해(Ultimate Net Loss)를 계산할 때 이를 공제하나, Underlying Catastrophe Cover에서 회수

한 재보험금은 공제하지 않는다고 규정하고 있다. 출재회사가 운영하는 비례재보험 특약(Proportional Reinsurance Treaty)에서 회수한 재보험금 역시 최종 정미 손해(Ultimate Net Loss)를 계산할 때 공제한다.

제 3 절 최종 정미 손해(Ultimate Net Loss Clause)

Ultimate Net Loss Clause

Ultimate net loss shall mean the actual loss sustained by the Reinsured on its net retained liability after making deductions for all recoveries, all salvages and all claims upon reinsurances, whether collectible or not, and shall include all adjustment and legal expenses arising from the settlement of claims including the salaries and expenses of salaried adjusters (but excluding office expenses and salaries of regular employees, except salaries and expenses of such employees when specifically engaged in loss adjustment activities associated with a loss hereunder). Nothing in this clause, however, shall be construed to mean that losses under this Agreement are not recoverable until the ultimate net loss of the Reinsured has been ascertained.

All salvages, recoveries or payments recovered or received subsequent to a loss settlement under this Agreement shall be applied as if recovered or received prior to the aforesaid settlement, and all necessary adjustments shall be made by the parties hereto.

동 조항은 일반적인 초과손해 재보험 특약(Excess of Loss Reinsurance Treaty)의 최종 정미 손해 조항(Ultimate Net Loss Clause)과 같이 Catastrophe Cover에서 보상되는 손해(Loss)에 대하여 규정하고 있다. 위의 예문 조항에서 보듯이 최종 정미 손해액을 계산할 때 잔존물 처리(Salvage)

와 대위권(Subrogation) 행사 등으로 회수한 보험금은 Catastrophe Cover 상 재보험금 지급 전, 후를 불문하고 최종 정미 손해액을 계산할 때 이를 공제하며 손해 사정에 소요된 비용은 출재회사의 정상적인 사무 비용과 직원 급여를 제외하고 이를 최종 정미 손해액에 포함시킨다고 규정하고 있다.

제 4 절 재보험 보상한도의 복원(Reinstatement Clause)

Reinstatement Clause

In the event of a claim under this Agreement, it is agreed that the amount of liability hereunder is reduced from the time of the occurrence of the loss by the sum payable on such claim. However, the amount so exhausted is immediately reinstated from the time of the occurrence of the loss.

For each amount so reinstated, the Reinsured agrees to pay an additional premium calculated at pro rata of annual earned reinsurance premium hereon, being pro rata both as to the fraction of the limit of this Agreement (i.e.,the fraction of $4,000,000) so reinstated and as to the fraction of the unexpired term hereunder at the time of occurrence. Nevertheless, the liability of the Reinsurer shall not exceed $4,000,000 any one loss occurrence, nor $8,000,000 in the aggregate for all such claims.

Catastrophe Cover의 재보험 보상한도는 해당 재보험료 산정 시에 단 1회의 재보험 보상한도에 해당하는 재보험금 지급을 가정하였기 때문에 특약 기간 중에 재보험금의 지급으로 인하여 재보험 보상한도 금액의 일부 또는 전부가 소진된 경우에는 추가 보험료(Additional Premium)를 재보험자에게 지급하고 재보험 보상한도액을 복원시키게 되는데, 이를 규정한 조항이 재보험 보상한도의 복원 조항(Reinstatement Clause)이다. 추가 보험료(Additional Premium)는 통상적으로 당초 책정된 재보험료를 기준으로 소진된 재보험 보상한도와 잔여 특약 기간에 비례하여 계산한다.

Chapter 11

Casualty Excess of Loss Reinsurance 특약서

배상책임 보험(Liability Insurance)을 비롯한 모든 책임 보험(Casualty Insurance)을 담보하는 초과손해 재보험 특약(Excess of Loss R/I Treaty)의 재보험 계약서상에는 책임 보험의 특성을 감안하여 이에 필요한 특별한 조항들을 두고 있다.

이들 조항들은 출재사 보유손해 및 재보험 보상한도 조항(Retention and Limits Clause), 보험손해 정의 조항(Definition of Loss Clause), 복원 조항(Reinstatement Clause), 보험사고 통지시효 조항(Sunset Clause) 및 재보험 책임정산 조항(Commutation Clause) 등이다.

제1절 출재회사 보유손해 및 재보험 보상한도
(Retention and Limits Clause)

Retention and Limits Clause

A. The Reinsured shall retain and be liable for the first $____ of ultimate net loss(whether involving any one or any combination of the classes of business covered hereunder, regardless of the number of policies under which such loss is payable or the number of different interests insured) arising out of each occurrence. The Reinsurer shall then be liable for the amount by which such ultimate net loss exceeds the retention of the Reinsured, but the liability of the Reinsurer shall not exceed $____ as respects any one occurrence. It is further agreed that the liability of the Reinsurer shall not exceed $____ in the aggregate in any one contract year.

B. Notwithstanding the provisions of Paragraph A. of this clause, where the original policies issued by the Reinsured provide for aggregate retentions and/or aggregate limits of liability, this Agreement shall cover(with respect to each peril or project subject to an aggregate retention or limit) excess of $____ in the aggregate any one original policy each original aggregate period; but the Reinsurer shall not be liable for more than $____ in the aggregate any one original policy during each original aggregate period.

C. As respects occupational or other diseases, this Agreement shall cover excess of $____ in the aggregate any one original policy during each original aggregate period foe losses sustained by the Reinsured resulting from occupational or other diseases suffered by one or more employees of each original insured; but the Reinsurer shall not be liable for more than $____ in the aggregate any one original policy during each original aggregate period. This Agreement shall apply only to losses during an original aggregate period covered hereunder.

D. As respects aggregate coverage afforded in Paragraphs B. and C. above, the Agreement shall apply to the whole or each original aggregate period, regardless of its duration and notwithstanding the termination or expiration of this Agreement, provided the inception of such original aggregate period commences during the term of this Agreement.

E. The term "original aggregate period" as used in Paragraph D. above shall mean each separate original policy period, regardless of its duration, commencing at the inception, anniversary or renewal date after _____.

F. The term "aggregate" shall mean the ultimate net loss incurred in the aggregate during any one original aggregate period.

G. Except as provided in Paragraph D. above, in the event of termination of this Agreement, liability hereunder shall cease in respect of the unexpired portions of the original policies of the Reinsured.

H. As respects each occurrence first reported to the Reinsurer more than 24 months after the date of notice of such occurrence is first given to the claims department of the Reinsured, the Reinsured shall, in addition to the applicable retention indicated in this clause, retain for its own account a Participation Retention of loss excess of the applicable retention indicated in this clause and the reinsurance limit shall be reduced proportionately. The Participation Retention shall be computed as follows:

1. The Participation Retention shall be 15% if the occurrence is first reported to the Reinsurer after the 24th month and prior to the 37th month following the date of notice of the occurrence to the claims department of the Reinsured;
2. The Participation Retention shall be 15% plus an additional 1.25% for each month subsequent thereto and prior to the month in which the occurrence is reported to the Reinsurer if the occurrence is first reported to the Reinsurer after the 36th month following the date of notice of the occurrence to the claims department of the Reinsured.

Casualty Excess of Loss Reinsurance Treaty의 담보 대상이 되는 보험사고는 통상적으로 복수의 보험 계약자와 복수의 보험 종목이 관련되어 있으며 또한 보험 계약상 누적 보상한도(Aggregate Limit)가 설정되어 있는 경우가 많기 때문에 이를 감안하여 위의 예문조항 A항에서 보는 바와 같이 출재회사의 보유손해(Retention)와 재보험 보상한도(Limit)에 대하여 이에 맞게 수정된 규정이 필요하다.

위의 예문조항에서 보듯이 근로자 재해보상 보험(Workers Compensation Insurance)이 재보험 담보대상 계약인 경우에는 직업병(Occupational Disease)에 대한 규정을 아울러 두고 있다.

배상책임 보험(Liability Insurance)과 같은 책임보험 관련 클레임이 발생할 경우에는 재보험자의 보상 손해액 경감을 위한 클레임 처리를 위하여 재보험자에 대한 신속한 사고 발생 통보가 요구되기 때문에 위의 예문조항 H항에서 이를 규정하고 있다.

제 2 절 보험사고의 정의 (Definition of "Loss Occurrence" Clause)

Definition of "Loss Occurrence" Clause

"Loss occurrence" shall mean each and every accident, disaster, casualty or happening or series of accidents, disasters, casualties, or happenings arising out of one event, provided that:

A. As respects third party liability insurance written and rated by the Reinsured as Products Liability and/or Completed Operations Liability, said term shall, at the option of the Reinsured, also mean all injuries or damage which occurs during any one continuous period of twelve months which results in claims against the same insured as defined in the original policy issued by the Reinsured, and which proceeds from or are traceable to the same causative agency.

B. As respects third party liability insurances other than those written and rated by the Reinsured as Products Liability and/or Completed Operations Liability, said term, at the option of the Reinsured, shall also mean all injuries or damage which occurs during any one continuous period of twelve months which result in claims against the same insured as defined in the original policies of the Reinsured, resulting from:

1. Infection, contagion, poisoning or contamination proceeding from or traceable to, the same causative agency; or
2. A series of operations, events or occurrences arising out of operations at one specific site and which cannot be attributed to any single one of such operations, events or occurrences, but rather to the cumulative effect of same; or
3. Any one "occurrence" as first defined above as respects insurance covering losses arising from injuries or damage which occur during the period the original insurance remains in force, in cases other than Described in 1. and 2. of this Section B.

C. As respects Workers' Compensation and/or Employers' Liability as used herein, which shall include insuring the liability imposed by the Workers' Compensation Acts and the United States Longshoremens' and Harbor Workers' Compensation Act, or by other Acts or Laws, orby the common law, upon employers for personal injury to or death of employees, and shall include occupational or industrial disease:

1. An occupational or other disease sustained by an employee, which disease arises out of the employment of said employee and for which the employer is liable, shall be deemed an occurrence hereunder and the date of the occurrence shall be deemed to be the date on which the employee was last exposed to conditions causing such disease, but shall not be later

than the last day of such employment during the term of the insurance issued by the Reinsured covering the employer for such liability nor later than the date on which the claim of the employee becomes known to the Reinsured, whichever occurs first;

2. In the event that two or more employees of the same employer sustain such occupational or other disease of one specific kind or class for which the dates of occurrence(as mentioned above) fall within any one continuous period of twelve months, all such occupational or other disease shall be deemed to arise out of one occurrence;

3. Losses caused by repetitive strains or stresses and which are not caused by an identified incident shall be deemed to arise from occupational disease. These losses such as those involving heart, muscle, joint or disc problems shall, however, be regarded as a separate occurrence for each employee and shall not be subject to the immediately preceding sub-section 2. Of this Section C.

The Reinsured may elect the date on which any such injury or damage occurs as the date on which the aforesaid periods of twelve months shall commence, and in the event that such injuries or damage occur over a period longer than twelve consecutive months, then all such injuries or damages occurring during each consecutive period of twelve months, the first of which commences on the date elected by the Reinsured as previously stated, shall be regarded as a separate occurrence and shall form the basis of a separate claim under this Agreement.

No continuous period of twelve months shall result in any individual claim being included in two or more occurrences.

It is understood that the Reinsurer shall only be liable for losses which occur as defined herein on or after the inception date of this Agreement and while this Agreement remains in effect, although losses which occur during the part of the twelve months commencing immediately prior to the inception date of this Agreement may be included to make up the retention of the Reinsured over which this Agreement applies. It being understood and agreed that under such circumstances, the Reinsured may not recover twice for the same occurrence.

Casualty Excess of Loss Reinsurance Treaty에서 보상되는 보험사고는 재산 보험(Property Insurance)의 보험사고와는 달리 다소 복잡한 성격을 지니고 있으므로 이에 대한 정의가 필요하다. 동 조항에서는 아래의 사항에 대한 규정을 두고 있다.

- 생산물과 완성작업 배상책임 사고(Product and Completed Operations) 정의
- 기타의 제 3 자 배상책임 손해(Third Party Loss)사고의 정의
- 직업병(Occupational Disease)에 대한 사고 정의
- 사고 발생 시점에 대한 정의

제 3 절 재보험 보상한도 복원(Reinstatement Clause)

Reinstatement Clause

In the event of a claim hereunder, it is agreed that the amount of liability provided by this Agreement is reduced by the sum payable on such loss.

However, the amount so exhausted is immediately reinstated.

For each amount so reinstated beyond one additional occurrence limit as stated in Article_, the Reinsured agrees to pay an additional premium calculated at pro rata of the annual earned reinsurance premium hereon, being pro rata as to the fraction of the occurrence limit so reinstated. Nevertheless, the liability of the Reinsurer shall not exceed $5,000,000 in any one loss occurrence, nor $15,000,000 in the aggregate for all such claims.

모든 초과손해 재보험 특약(Excess of Loss R/I Treaty)의 재보험 보상한도(Limit)의 일부 또는 전부가 특약기간 중에 발생한 보험사고로 인한 재보험금 지급으로 소진될 경우에는 소진된 보상한도액의 복원이 필요하기 때문에 이에 대하여 규정한 것이 복원 조항(Reinstatement Clause)이다. 만일 재보험 보상한도가 $5,000,000 any one occurrence (a.o.o)인 경우에 재보험 특약의 담보대상 보험사고로 인하여 $400,000의 재보험금이 지급되었을 경우에 복원조상이 없다면 잔여 특약기간 중 재보험 보상한도액은 $4,600,000 a.o.o.로 남아 있게 된다.

재산보험에 대한 초과손해 재보험 특약(Property Excess of Loss Reinsurance Treaty)의 경우에는 재보험 계약기간 중 사고로 인한 재보험자의 재보험금 지급으로 재보험 보상한도가 소진된다는 가정 하에서 재보험료가 산정되기 때문에, 재보험 클레임 발생으로 재보험 보상한도가 소진될 경우에는 추가 보험료(Additional Premium)를 재보험자에게 지급하고 재보험 보상한도를 복원시켜야 한다.

그러나 책임보험에 대한 초과손해 재보험 특약(Casualty Excess of Loss Reinsurance Treaty)에서는 재보험료 산정 시 통상적으로 추가 보험료의 지급이 없는 조건으로 재보험 보상한도의 자동 복원(Automatic Reinstatement)이 이루어지도록 하고 있다.

그러나 출재회사의 보유손해(Retention/Excess Point)가 고액으로 설정되어 있는 경우에는 재보험 보상한도의 복원 횟수가 제한되며 또한 추가 보험료의 납입이 전제되는 사례도 있다.

가령 재보험 보상한도가 매 사고당 $5,000,000 a.o.o. in excess of $5,000,000 a.o.o.인 경우에 추가 보험료 납입 조건으로 재보험 계약 기간 중 총 누적 보상한도액(Aggregate Limit)을 $15,000,000 a.o.o.로 제한 (2 Reinstatements)하는 사례가 이에 해당된다. 이러한 경우 재보험 보상한도의 일부 또는 전부가 소진될 경우 총 누적 보상한도액 내에서 자동적으로 보상한도액의 복원이 이루어진다.

제 4 절 보험사고 통지시효(Sunset Clause)

Sunset Clause

All events hereunder shall be notified with full particulars by the Reinsured to the Reinsurer within five years from the expiration date of this contract period, and no liability shall attach hereunder for any event not notified within this period.

Notice of an event shall include:

1. The approximate time and location of the event.
2. The date of loss as established under this contract.
3. The names of any original insureds who have been identified by the Reinsured, at the time of notice, as being involved in the event.
4. The types of policies involved, Claims-Made, Losses Discovered, or Occurrence.
5. The original policy limits and periods.
6. The names of any known claimants.
7. The current indemnity, medical and loss expense reserves, and any payments made.

동 조항은 런던 재보험시장에서 1984년부터 사용하기 시작한 책임보험에 대한 초과손해 재보험 특약(Casualty Excess of Loss Reinsurance Treaty)의 계약서상 조항이다. 보험사고 발생 후 보험금이 확정되어 지급되기까지 장기간이 소요되는 보험종목 계약(Long Tail Business)인 미국의 책임보험 계약(Casualty Business)에 대한 재보험 계약을 인수하던 런던 시장의 재보험 언더라이터들이 재보험 특약 해지 후 일정기간 내에 보험사고 발생에 대한 통지가 재보험자에게 이루어질 수 있도록 시한을 제한하려는 의도에서 개발된 재보험 계약서상의 조항이다. 위의 예문에서 보는 바와 같이 재보험 계약 해지 후 5년 이내에 재보험 클레임(Claim)으로 이어질 수 있는 모든 사고(Event)에 대하여 재보험자에게 통지가 이뤄질 수 있도록 시한을 정하고 그 기간 내에 통지가 이루어지지 않을 경우에는 재보험자가 보상 책임을 부담하지 않는다는 내용이 동 조항에 규정되어 있다.

이는 출재회사가 원보험 계약상 부담하는 보상 책임과 다소 괴리되는 재보험 계약서상의 별도 계약 조건으로 재보험자가 자신의 재보험 계약상 보상책임을 재보험 특약 해지 후 일정기간 이내에 종결시키려는 의도가 반영된 조항이다.

제 5 절 재보험 책임 정산(Commutation Clause)

Commutation Clause

Sixty months after the expiry of each annual period of this Agreement, the Reinsured shall advise the Reinsurer of any claims which have not been finally settled and which may cause a claim under this Agreement.

Either party may then, or at any time thereafter, request that a final claim be made under this Agreement in respect of such unsettled claim or claims.

In the event that the Reinsured and Reinsurer shall agree upon the capitalized value of any such unsettled claim or claims, the payment by the Reinsurer of its proportion of this sum shall constitute complete release of the Reinsurer from such claim or claims. In the event the parties hereto are unable to agree upon the capitalized value of any unsettled claim or claims, they shall mutually appoint an actuary or appraiser who shall investigate, determine and capitalize the claim or claims in question: and settlement by the Reinsurer based upon the actuary or appraiser's values shall constitute complete release of the Reinsurer from such claim or claims.

동 조항은 재보험 계약 기간 종료 후 일정시점에서 재보험 계약 당사자 간 합의를 전제로 정산되지 않은 모든 재보험 클레임에 대하여 향후에 지급하게 될 예상 재보험금에 해당되는 클레임 비용(Claim cost)을 현재가로 계산한 후 출재회사와 재보험자 간에 이를 상호 정산하고 재보험자의 계약상 잔여 책임을 종료시킨다는 취지의 규정이다. 동 조항은 또한 계약 당사자 간에 클레임 비용에 대한 합의가 이뤄지지 않을 경우에는 보험 계리인이나 감정인 등 제 3 자에게 클레임 비용의 산정을 의뢰할 수 있도록 조치하고 있다. 이와 같은 과정을 거쳐 출재회사는 추가로 확보되는 미지급 보험금 재원을 투자에 활용할 수 있는 한편 재보험자는 재보험 계약상 자신의 보상책임을 조기에 종결하는 효과를 거둘 수 있다.

Chapter 12

Stop Loss Reinsurance 특약서

제 1 절 출재회사 보유손해 및 재보험 보상한도 (Retention and Limits Clause)

Stop Loss Reinsurance Treaty는 비비례재보험 특약(Non-Proportional Treaty)의 한 형태로 재보험 담보대상 계약과 관련하여 발생한 모든 손해를 담보하며 출재회사의 보유손해(Retention)와 재보험 보상한도(Limit)가 손해율(Loss Ratio)로 표시된다.

Stop Loss Cover는 통상적으로 출재회사가 보유하고 있는 특정 보험종목에 속하는 전 계약이나 또는 출재회사의 전 보유계약을 담보대상으로 한다. Stop Loss Cover는 언더라이팅 실적이 이례적으로 악화될 수 있는 보험 회계년도의 손해율 관리를 목적으로 하고 있으므로 출재회사의 보유 손해율은 일반적으로 예년의 평균 손해율 보다 다소 높은 수준에서 책정된다.

출재회사가 보험시장 점유율을 확대할 목적으로 Stop Loss Cover를 이용하려 할 경우에는 재보험 담보(Capacity)의 확보가 어렵다고 하겠다. Stop Loss Cover의 출재회사 보유손해 및 재보험 보상한도 조항(Retention and Limits Clause)은 아래의 예문 조항에서 보는 바와 같이 통상적인 초과손해 재보험 특약(Excess of Loss Reinsurance Treaty)과는 다르게 규정된다. Stop Loss Cover에서는 앞서 언급한 바와 같이 출재회사의 보유손해와 재보험 보상한도가 손해율로 표시되므로 최종 정미손해 조항(Ultimate Net Loss Clause), 손해 정의 조항(Occurrence Definition Clause) 및 재보험 보상한도 복원 조항(Reinstatement Clause) 등이 필요하지 않다.

Stop Loss Cover의 출재회사 보유손해 및 재보험 보상한도 조항에는 재보험 계약 기간 중에 발생한 담보대상 계약과 관련된 모든 손해를 보상한다고 규정하고 있다. Stop Loss Cover에서는 아래의 예문 조항에서 보는 바와 같이, 출재회사의 보유손해가 간혹 손해율과 함께 금액으로 병기되며 재보험 보상한도는 많은 경우에 금액으로 표시되고 있으며, 출재회사에게 공동보험(Co-insurance) 조건이 일반적으로 부과된다. 보유손해가 손해율과 함께 금액으로 표시되는 이유는 출재회사의 보험료 수입이 급격하게 감소할 경우를 대비하기 위한 조치이다. 출재회사의 보험료 수입이 급격히 감소할 경우에는 출재회사의 보유 손해율에도 큰 영향을 주게 되므로 재보험자의 입장에서는 이에 대한 안전장치가 필요하다고 하겠다.

재보험 보상한도를 “20% in excess of 80% of Gross Net Earned Premium Income”과 같이 손해율로 표시할 수 있으나, 통상적으로 이러한 경우에도 금액을 병기하거나 또는 재보험 보상한도를 금액으로만 표시함으로써 재보험자의 책임을 확정하려는 것이 일반적인 관행이다.

Stop Loss Cover에서 보상하는 손해의 범주에는 순수한 보험사고 손해(Pure Losses)만을 포함하고 손해 사정 비용 등은 손해액 계산에서 제외되며 출재회사가 운영하는 여타의 재보험 계약에서 회수하는 재보험금은 보험 손해액 계산시에 공제된다.

Retention and Limits Clause

A. The Reinsurer hereunder shall be liable for 90% of the amount, if any, by which the aggregate ultimate net losses of the Reinsured occurring during each calendar year of the term of this Agreement exceed the greater of:

(1) $28,000,000

Or

(2) 72% of the Gross Net Earned Premium Income of the Reinsured for each calendar year of the term of this Agreement.

The Reinsurer, however, shall not be liable for more than $4,500,000(being 90% of $5,000,000 of such excess losses during each calendar year of the term of this Agreement.

B. The Reinsured shall retain at its own risk and unreinsured in any Way 10% of the excess aggregate ultimate net losses to which this Agreement applies.

Definitions:

1. Losses: The term "losses" shall mean the net losses paid of the Reinsured, such losses to exclude expenses of litigation, interest on judgments and all other loss expenses of the Reinsured, but all salvages and recoveries are first to be deducted from such losses to arrive at the amount of liability, if any attaching hereunder.
2. Gross net earned premium income: The term "gross net earned premium income" shall mean gross earned premium less only the earned portion of premium ceded for reinsurance, recoveries under

which inure to the benefit of this Agreement.

3. The term "aggregate ultimate net losses occurring" shall mean the aggregate of losses occurring during each calendar year of the Agreement term and as finally settled.

Chapter 13

Aggregate Excess of Loss Reinsurance 특약서

제 1 절 출재회사 보유손해 및 재보험 보상한도 (Retention and Limits Clause)

Retention and Limits Clause

A. The Reinsured shall retain the first $1,000,000 of ultimate net loss in each occurrence plus the annual aggregate deductible specified in paragraph C. below.

B. Subject to the annual aggregate deductible, the Reinsurer shall indemnify the Reinsured for the amount of ultimate net loss sustained by the Reinsured in excess of $1,000,000 in each occurrence, but the limit of liability of the Reinsurer shall not exceed $4,000,000 as respects one occurrence(hereinafter called "excess losses").

C. In addition to the amount of the Retention of the Reinsured in each occurrence, the Reinsured shall also retain an annual aggregate deductible, being that amount of the aggregate of excess losses occurring in each annual period equivalent to 2.5% of the Gross Net Earned Premium Income of the Reinsured, or $6,000,000, whichever is greater.

위의 예문 조항은 Aggregate Excess of Loss Reinsurance Treaty의 출재회사 보유손해(Retention)와 재보험 보상한도(Limit)를 규정한 조항이다. 동 조항에서도 출재회사의 보유손해와 재보험 보상한도의 기준이 되는 최종 정미 손해(Ultimate Net Loss)에 대하여 언급하고 있다. 따라서 동 재보험 계약서상에는 최종 정미 손해 조항(Ultimate Net Loss Clause)과 함께 사고(손해)발생에 대한 정의 조항(Definition of Loss Occurrence)이 첨부되어야 한다. 다만 재보험 보상한도 복원 조항(Reinstatement Clause)은 동 재보험 계약의 성격상 Aggregate Excess of Loss Reinsurance Cover에서는 필요하지 않다. 동 Cover에서는 일반적으로 출재회사의 보유손해에 적용되는 별도의 Annual Aggregate Deductible을 설정하고 있다. 위의 예문 조항에서는 Annual Aggregate Deductible이 금액과 함께 백분율로도 표시되고 있다. 이는 출재회사의 수입 보험료의 급격한 증감에 대비한 안전장치의 성격을 띠고 있다.

Chapter 14

세계 재보험시장

오늘날 전세계 재보험시장 중에서 비교적 거래규모가 큰 주요 재보험시장으로는 미국 재보험시장, 버뮤다(Bermuda) 재보험시장과 영국의 로이드시장(Lloyd's Market)을 들 수 있다.

제1절 미국 재보험시장

미국의 전체 보험시장은 2011년 현재 2,500여 개의 보험회사가 시장에서 보험영업을 영위하고 있으며 보험시장의 보험료 규모는 $4,000억 불에 달하는 세계 최대의 보험시장이다.

미국 보험시장의 특징은 지진(Earthquake), 허리케인(Hurricane), 토네이도(Tornado) 및 홍수(Flood) 등 대규모 자연재해의 발생이 빈번

하므로 재산보험(Property Insurance) 분야에서 대이재(catastrophe)에 대한 재보험 수요가 매우 크다고 할 수 있다. 다른 한편으로 책임보험(casualty insurance) 분야에서도 피해자 구제를 위주로 하는 불법 행위 배상책임제도(Tort Liability System)로 대표되는 미국의 특수한 법률제도와 소송문화 등으로 인하여 재보험에 대한 수요가 계속 증가하는 추세에 있다. 미국 재보험시장의 총 보유보험료는 2011년 기준으로 280억 불에 달하고 있으며 50여 개의 주요 재보험자가 미국 재보험시장의 재보험료의 대부분을 거수하고 있다.

미국 재보험시장 실적(2002 ~ 2011)

(단위: 천 불)

년 도	보유보험료	계약자잉여금	합산비율	영업수지
2002	30,796,707	46,581,997	117.4%	(5,618,256)
2003	32,981,581	62,147,549	101.1%	(566,266)
2004	30,074,516	64,278,516	105.5%	(1,720,794)
2005	26,520,474	70,034,981	126.0%	(6,884,312)
2006	26,625,918	77,009,008	94.2%	1,528,524
2007	24,548,841	79,650,016	93.5%	2,069,300
2008	26,440,426	69,008,945	100.4%	(266,574)
2009	25,548,851	83,314,323	92.3%	2,087,173
2010	25,722,426	114,781,735	94.5%	1,412,912
2011	27,897,553	112,447,165	107.1%	(2,249,747)

자료출처: RAA Reinsurance Underwriting Review.

미국의 주요 재보험자 및 수입 보험료 현황(2011년)

순 위	재보험회사	모회사 소재지	수입 보험료 (단위: $1,000)
1	National Indemnity Company	U.S.	5,616,938
2	Swiss Reinsurance America Corporation	Switzerland	4,391,608
3	QBE Reinsurance Group, New York	Australia	4,192,117
4	Munich Re America, Corp.	Germany	4,051,630
5	Transatlantic/ Putnam Reinsurance	U.S.	3,651,805
6	Everest Reinsurance Company	Bermuda	3,455,453
7	XL Reinsurance America, Inc.	Ireland	2,926,211
8	Odyssey Reinsurance Group	Canada	2,212,355
9	Berkley Insurance Company	U.S.	1,675,945
10	General Re Group	U.S.	1,171,457

자료출처: Reinsurance Association of America.

미국의 재보험시장은 1995~2000 기간 중 Hurricane Andrew 등 대규모 자연재해의 발생으로 인하여 재산보험의 재보험 영업 실적이 급격하게 악화됨과 동시에 책임보험(Casualty insurance) 분야에서도 석면 침착증(Asbestos) 등 환경오염 사고 등으로 클레임이 또한 급격히 증가하여 미국의 재보험시장은 전체적으로 막대한 영업손실(Underwriting loss)을 기록하고 이로 인하여 많은 재보험회사들이 도산하거나 재보험시장에서 철수하는 사태를 맞게 되었다.

이와 같은 과정을 겪으면서 2001년 이후에 미국 재보험시장의 담보력은 급격히 축소되었고 그 결과 재보험시장의 요율도 급격히 인상되어 시장이 Hard Market 상태로 전환하게 되었고 Hard Market

상태가 진행되는 과정에서 2003년부터 재보험자들의 영업실적이 점진적으로 개선되기에 이르렀다. 미국 재보험시장의 Hard Market 상태가 지속되는 기간 중에 재보험 담보력의 부족문제를 해결하기 위하여 여러 가지 시도들이 있었는바 그 결과로서 많은 유사 보험상품(Alternative Risk Transfer Product)들이 시장에 출현하여 새로운 시장을 형성하는 계기를 제공하게 되었다. 2011년 재보험료를 기준으로 미국 재보험시장의 종목별 재보험료 구성을 보면 책임보험(Casualty insurance)의 재보험료가 전체 재보험료의 67%를 점하고 있어 가장 큰 재보험시장이며 재산보험의 재보험료가 29%, 그리고 나머지는 보증보험(4%)의 재보험료가 차지하고 있다.

한편 재보험 계약 형태별 구성비를 살펴보면, 비례재보험 계약(Proportional Reinsurance Contracts)의 재보험료 구성비가 58%를 점하고 있으며 나머지 42%의 재보험료가 비비례재보험 계약(Non-Proportional Reinsurance Contracts)이 차지하고 있다.

미국 재보험시장에서는 출재사와 재보험자를 연결해주는 재보험 브로커가 재보험시장에서 매우 중요한 역할과 기능을 수행하고 있다. 재보험 브로커는 출재사의 재보험 프로그램에 대한 자문(Consulting service)을 제공하며 또한 재보험 프로그램이 완성되면 이를 재보험시장에 출재하는 마케팅 업무(Placing)를 수행한다. 현재 미국 재보험시장에서 활동하는 주요 재보험 중개사(Broker)는 다음과 같다.

주요 재보험 중개사(2011년)

순 위	재보험 중개사	중개료수입 (단위: $1,000)
1	Aon Benfield	1,463,000
2	Guy Carpenter	1,040,787

3	Willis Re	763,000
4	Towers Watson & Co.	180,131
5	JLT Reinsurance Brokers	165,331
6	Coopers Gay Swett & Crawford	132,690
7	BMS Group	84,600
8	Miller Insurance Services	82,241
9	UIB Holdings	53,403
10	Lockton Cos	40,556

자료출처: Business Insurance.

제 2 절 버뮤다(Bermuda) 재보험시장

버뮤다 재보험시장의 역사는 그다지 길지 않다. 버뮤다 시장 최초의 보험회사는 1784년에 설립된 Bermuda Assurance Company로 알려져 있으며 동사는 버뮤다 시장에서 최초로 적하보험 증권을 발행하였다. 그 후 1947년에 AIG의 설립자인 C. V. Starr에 의하여 American International Underwriters Co.가 버뮤다 시장에 설립된 후 한동안 버뮤다 시장에 진출한 주요 보험회사나 재보험회사는 없었다.

1980년대 미국 보험시장에서 Excess Liability 보험에 대한 담보력 부족이 보험업계의 심각한 문제로 대두되는 과정에서 1985년에 34개의 미국 기업들이 출자한 미화 2억 불을 자본금으로 ACE가 설립되어 미국 기업들을 상대로 Excess Liability 보험계약을 인수하기 시작한 이후, 1986년도에 XL Capital과 Corporate Officers & Directors Assurance Co.(CODA)가 각각 설립되어 역시 미국 기업을 상대로 Excess Liability 보험계약과 임직원 배상책임 보험(Directors & Officers

Liability Insurance) 계약을 인수하여 미국시장의 담보력 부족문제를 해결하는데 많은 도움을 주게 되었다.

이어서 1988년에 Zurich Re를 비롯한 여러 투자자들이 출자한 자본금 2.5억 불로 Center Re가 설립되어 당시에 새로운 유사 보험상품으로 개발된 금융 재보험 계약(Finite Reinsurance Business)을 위주로 인수하기 시작한 이후, 1966~2001년 기간에 걸쳐 Tempest Re, Capital Re, Mid Ocean 등 많은 재보험회사들이 버뮤다 시장에 진출함에 따라 버뮤다 시장이 새로운 확장기에 접어들게 되었다. 2001년 미국의 9.11 사태 이후에 금융시장으로부터 새로운 자본들이 버뮤다 시장에 진출하여 Allied World Assurance, AXIS Specialty, Endurance Specialty 및 Montpelier Re사 등을 설립함으로써 버뮤다 시장이 전세계 주요 재보험시장으로 부상하게 되었다.

1. 버뮤다 시장의 주요 재보험자

현재 버뮤다 시장에서 활동하고 있는 주요 재보험자는 다음과 같다.

버뮤다 시장의 주요 재보험자

ACE	Renaissance Re
XL Capital	White Mountain Insurance Group
Max Re	AIG
Partner Re	Swiss Re
Endurance Specialty	Hannover Re
IPC Re	Hartford and Chubb
Montpelier Re	

2. 버뮤다 시장의 특성

버뮤다 시장에서 인수되는 보험계약이나 재보험 계약은 보험료(재보험료 포함) 기준으로 98%에 해당하는 거의 대부분이 계약을 인수한 보험회사 또는 재보험회사가 전액을 보유하는 "Net Line Underwriting" 정책을 고수하므로 여타 해외 재보험시장에 대한 의존도가 거의 없다고 할 수 있으며, 이들 회사가 인수하는 주요 보험종목은 변호사 배상책임 보험(Lawyers' Professional Liability Insurance), 임직원 배상책임 보험(Directors and Officers' Liability Insurance, D&O), 전문직 배상책임 보험(Professional Liability Insurance, E&O) 및 고용주 배상책임 보험(Employment Practice Liability Insurance) 등이다.

최근 들어 버뮤다 시장의 보험회사나 재보험회사들은 그간 그들의 주요 인수대상이었던 Excess Coverage Business 이외에 Low Attachment 계약(Excess point가 비교적 낮기 때문에 재보험 요율이 높은 Excess of Loss Business)에 대한 인수도 점차 확대함으로써 기존 언더라이팅(Underwriting) 정책의 변화를 꾀하는 한편 재보험료 수입의 증대를 추구하고 있다.

버뮤다 보험시장의 또 다른 특성은 전세계 자가보험 계약(Captive Insurance business)의 30%가 이곳 시장에서 거래되고 있다는 점이다. 특히 1970년대 소규모 기업들의 위험관리를 목적으로 설립되어 운영되는 대여 자가보험 시설인 Rent-a-Captive가 버뮤다 시장에서 활발하게 운영되고 있다.*

* Rent-a-Captive: 소규모 기업들이 자사의 위험관리를 위하여 기존 설립된 자가보험(Captive) 회사의 자본 잉여금(Capital & Surplus)과 함께 법적 지위(Legal Capacity)를 대여해 주는 제도.

3. 버뮤다 보험시장의 감독 및 규제

버뮤다 보험시장의 보험에 대한 규제는 여타 다른 나라들의 경우와 큰 차이가 없다. 보험회사의 설립과 보험상품에 대한 규제에 있어서는 보험시장에 대하여 비교적 우호적이나 보험회사의 지불능력(Solvency)에 대하여는 철저한 감독이 이루어진다. 보험시장에 대한 감독은 Bermuda Monetary Authority에 소속된 보험감독관(Insurance Supervisor)이 담당하고 있다. 보험면허는 보험사업의 종류에 따라 Single Parent Captive(모회사의 위험만을 인수하는 자가보험회사)에서부터 자본규모가 큰 상장회사 소유의 자회사에 이르기까지 4가지 종류의 영업면허가 있다.

제 3 절 로이드 보험시장(Lloyd's of London)

영국의 로이드(Lloyd's) 시장은 300여 년의 역사와 전통을 지닌 보험시장으로 2011년도 기준 수입보험료는 아래의 표에서 보는바와 같이 234억 파운드에 달하고 있다. 로이드(Lloyd's) 시장은 오랜 역사 속에서 축적된 보험에 대한 경험, 지식 및 기술 면에서 경쟁력을 지니고 있으며, 세계 보험시장에 많은 기여를 하고 있다.

로이드 보험시장(Lloyd's) 영업실적(2007~2011) (단위: 백만 파운드)

구 분	2007	2008	2009	2010	2011
수입보험료	16,366	17,985	21,973	22,592	23,477
보유보험료	13,256	14,217	17,218	17,656	18,472
경과보험료	13,097	13,796	16,725	17,111	18,100

발생손해액	6,547	8,464	8,624	10,029	12,900
지급경비	4,451	4,134	5,781	6,437	5,939
영업수지	2,099	1,198	2,320	645	-739

자료출처: Lloyd's.

로이드 시장은 세계의 여타 시장과는 구별되는 독특한 구조를 지니고 있다. 개인(Name)이나 기업(Corporate)들이 출자한 자본금을 기반으로 한 각각의 독립적인 보험인수조직(Underwriting Unit)인 신디케이트(Syndicate)가 로이드 시장에서 원보험 계약과 재보험 계약을 인수한다. 개인이 투자한 신디케이트(Syndicate)들의 경우 이들 투자자들이 직접 자기 책임 하에 보험계약을 인수하는 언더라이팅(Underwriting)에 종사하기도 한다. 과거에는 이들이 무한책임(Unlimited Liability)을 부담했으나 2003년 이후에는 이들(Name)에게 무한책임을 인정하지 않고 있다. 각 신디케이트(Syndicate)는 관리회사(Managing Agent)에 의하여 운영되고 있는바 각 관리회사(Managing Agent)들은 산하에 여러 개의 신디케이트(Syndicate)들을 운영하고 있다. 2012년 로이드(Lloyd's Market)의 주요 관리회사(Managing Agent)의 현황과 그들의 담보력(Underwriting Capacity)은 다음과 같다.

2012년 주요관리회사(Managing Agent) 현황

Managing Agent	Capacity (100만 파운드)	Market Share (%)
Catlin Underwriting Agencies Limited	1,547.0	6.4
RJ Kiln & Co. Limited	1,502.7	6.3
QBE Underwriting Limited	1,473.0	6.1
Beazley Furlonge Limited	1,318.6	5.5
Hiscox Syndicates Limited	1,238.9	5.2

Amlin Underwriting Limited	1,210.3	5.0
Chaucer Syndicate Limited	1,049.7	4.4
Brit Syndicate Limited	940.0	3.9
Liberty Syndicate Management Limited	910.0	3.8
Ascot Underwriting Limited	650.0	2.7
Canopius Managing Agent Limited	619.8	2.6
Talbot Underwriting Ltd	600.0	2.5
Novae Syndicate Limited	575.0	2.4
Managing Agency Partners Limited	539.7	2.2
Whittington Capital Management Limited	464.7	1.9
Equity Syndicate Management Limited	437.6	1.8
Atrium Underwriters Limited	419.0	1.7
Art Syndicate Management Limited	400.0	1.7
Cathedral Underwriting Limited	380.0	1.6
Starr Managing Agent Limited	375.0	1.6

자료출처: Lloyd's and Moody's Analytics.

로이드(Lloyd's) 시장에서 거래되는 모든 보험 계약이나 재보험 계약의 체결은 동 시장에서 영업이 허가된 로이드 보험 중개인(Lloyd's Broker)들을 통해서만 가능하다. 현재 로이드 시장에는 약 160여 개의 보험 중개인(Broker)이 활동하고 있다. 로이드 시장의 경쟁력은 특히 새로운 보험 상품의 개발과 창의적인 언더라이팅(Underwriting) 면에서 돋보이고 있는 바 1906년에 발생한 샌프란시스코(San Francisco) 대지진 사고 이후 로이드 시장의 비해상부문 언더라이터(Non-Marine Underwriter)인 Cuthbert Heath가 고객회사인 미국의 Hartford사의 재보험 프로그램(Reinsurance Program)에 최초로 초과손해재보험(Excess of Loss Reinsurance) 방법을 도입함으로써 획기적이고 독창적인 새로운 재보험 상품이 출현하는 계기가 되었다.

로이드 시장은 오늘날에도 Property Catastrophe Reinsurance 분야

에서 경쟁력을 갖춘 모델링(Modelling) 능력과 선진 언더라이팅 기술로써 일본의 지진보험 등에 대한 Property Catastrophe Reinsurance program을 주도하고 있다.

로이드 시장은 또한 전통적으로 해상, 운송 및 항공보험(Marine, Aviation & Transport, MAT) 분야에서 축적된 경험과 고도의 언더라이팅 능력으로 세계 재보험시장을 선도하고 있으며 세계 P&I(Protection & Indemnity) Market에서도 매우 중요한 역할을 수행하고 있다.

Chapter 15

재보험시장에 대한 규제

제 1 절 규제대상 및 내용

소비자 보호를 위한 보험에 대한 규제는 일반적으로 엄격하고 매우 광범위하게 이뤄지고 있다. 보험에 대한 규제는 일반적으로 보험영업 면허, 보험증권, 보험요율, 보험클레임(Claim) 및 보험회사의 전반적인 재무 상태 등에 대한 규제를 포함하고 있다. 그러나 재보험에 대한 보험감독 당국의 규제는 원보험에 대한 규제와는 달리 매우 느슨한 편이다. 재보험 계약의 당사자들은 보험관련 지식과 보험시장의 관행 등에 대하여 해박한 보험전문가 집단이므로 원보험 계약의 당사자인 일반대중과의 계약관계와는 다르다고 하겠다.

재보험에 대한 규제의 초점은 재보험 계약의 담보 대상인 보험사고 발생시에 재보험금의 회수가 보장되느냐라는 점이며 따라서 재보험회사의 담보능력과 재무 상태가 재보험에 대한 규제의 핵심내용이 된다.

재보험에 대한 규제가 상대적으로 엄격하다고 할 수 있는 미국시장의 경우에는 출재사와 동일한 주에 소재한 인가재보험자(Authorized Reinsurer)나 타주 또는 타국에서 영업을 하는 재보험회사 중에서 미국 보험 당국에서 정한 기준에 합당한 재보험자(Accredited Reinsurer)에게 출재가 이뤄진 재보험 계약에 한하여 출재사의 재보험 채권을 인정하고 있다. 미국시장의 출재회사가 위에서 언급한 인가 재보험자 이외의 외국 재보험자에게 재보험 출재가 이뤄진 경우에는 재보험자가 재보험 계약상 채무에 해당하는 금액을 출재사나 또한 지정된 신탁기금 계좌(Trust Fund)에 예치하거나 또는 신용장(Letter of Credit)을 개설하여 미국 내 출재사에게 제공하여 출재사가 해당 재보험채권을 감독 당국에 의하여 인정받을 수 있게 된다.

한편 재보험회사의 재무 건전성에 대한 규제 외에도 재보험 계약의 내용과 성격에 대한 규제도 각 국에서 일반적으로 이뤄지고 있다.

재보험 계약의 목적과 기능이 출재사가 인수한 위험의 일부 또는 전부를 재보험회사에게 전가하는 것임에도 불구하고, 일부 금융재보험(Finite Reinsurance)의 경우에는 출재사의 재무 상태를 일시적으로 개선시킬 목적으로 실질적인 위험전가가 이뤄지지 않은 채 재보험 계약과 유사한 형태를 지닌 금융거래가 종종 행해지고 있기 때문에 각 국의 감독 당국은 이를 규제하고 있다. 즉, 출재사의 재무제표상 담보력의 확충이나 또는 영업이익의 증대를 목적으로 이루어지는 유사 재보험 계약에 대해서는 실질적인 위험의 전가가 없을 경우에 보험감독 당국은 출재사의 재보험 채권을 인정하지 않는 방법으로 이를 규제하고 있다.

정당하고 합법적인 재보험 계약으로 인정받기 위해서는 재보험자가 재보험 계약을 통하여 출재사의 위험을 실질적으로 부담함으로써 재보험자는 재보험 거래로 인해 손실을 입을 가능성이 상존하여야만 한다. 이러한 의미에서 재보험자는 재보험 거래에 따른 수익의 불확실성(Underwriting Risk)과 손해발생 시점의 불확실성(Timing Risk)에 따른 위험을 부담하게 되는 것이다.

금융 재보험(Finite Reinsurance) 계약 하에서 재보험자가 출재사로부터 수수하는 재보험료는 예탁금의 성격을 띠고 있으므로 순수한 의미에서 재보험료에 해당되지 않는다는 것이 정설이다.

그러나 실제적으로 재보험 계약의 진의성과 정당성 여부를 판단하는 일은 때때로 어려운 난관에 봉착하는 경우가 종종 발생한다. 또한 재보험자가 재보험 거래에서 입은 손실을 보전하는 내용의 조항이 첨부된 계약도 정당한 재보험 계약으로 인정할 수 없다고 하겠다.

한편, 원보험 계약에 의한 클레임 지급과 재보험 계약에 의한 클레임 지급이 상호 연관성이 없다면 엄밀한 의미에서 Time Risk를 결여하고 있으므로, 이와 같은 점에서 재보험금이 미리 예정된 시점에 지급되는 내용으로 채결된 금융 재보험 계약은 정당한 재보험 계약이라 할 수 없다고 본다.

제 2 절 재보험 계약서상의 규제관련 조항

이와 같이 재보험에 대한 핵심적 규제 대상인 재보험자의 Security와 재보험 계약의 정당성과 관련하여 재보험 계약서상 관련조항의 내용도 이와 같은 취지와 일치하도록 하고 있는바 해당 관련조항들은 아래와 같다.

1. 재보험금 회수 지연

재보험자의 Security 문제와 더불어 재보험금의 회수 지연은 출재사의 현금흐름(Cash flow)를 비롯하여 재무상태에 영향을 주게 되므로 재보험금의 대차청산에 대해서도 감독 당국의 규제가 이뤄지고 있다.

미국의 경우 보험 감독관 협회(National Association of Insurance Commissioner)는 "90-day rule"을 채택하여 재보험금 청산이 90일 내에 이뤄지지 않을 경우에 출재사에게 불이익을 주고 있다.

2. 그룹 내 보험자회사 간 재보험 거래

동일 그룹 내 보험자회사 간 재보험 거래에서 재보험 계약상 상대방에 대한 우대조건이나 특별한 혜택의 제공이 금지된다. 미국시장의 경우에 뉴욕주에서는 동일 그룹에 속하는 보험회사 간의 재보험 거래는 사전에 보험당국에 의하여 재보험 계약조건에 대한 사전 심의를 거치도록 하고 있다.

3. 파산 조항(Insolvency Clause)

미국의 보험감독 당국은 재보험 계약서상 파산 조항의 삽입을 의무화함으로써 미국 내 출재사가 파산할 경우에 청산인(Liquidator)이 청산 과정에서 재보험 채권을 감액 없이 전액 승계하도록 하고 있다.

4. 상호대차청산 조항(Offset Clause)

출재사의 파산 시에 출재보험료에 대한 재보험자의 채권을 출재사의 재보험 클레임(Claim)에 대한 채권과 서로 상쇄할 수 있도록 규정한 재보험 계약서상의 조항이다. 이는 앞서 언급한 파산 조항(Insolvency Clause)과의 형평성을 고려한 규제로서 주로 미국 재보험 시장에서 시행되고 있다.

5. 재보험 계약해지 조항(Cancellation Clause)

재보험 계약조건에 의하면 출재사가 정해진 기간 내에 재보험자에게 재보험료를 지급하지 않을 경우에는 재보험자는 해당 재보험 계약을 해지할 수 있다. 그러나 이외에 기타의 사유나 계약당사자 간의 합의에 의하여 재보험 계약을 계약기간 중에 해지할 수 없도록 하고 있다. 이는 재보험 거래의 안정성을 도모하기 위한 규제내용이다.

6. 중재 조항(Arbitration Clause)

재보험 계약의 당사자 간 계약상 분쟁을 중재에 의해 해결하도록 하는 규정이 중재 조항이다. 그러나 미국시장에서는 출재사가 파산할 경우에 이 중재 조항의 적용을 배제함으로써 청산인의 법률소송권을 확보하기 위하여 미국의 보험감독 당국에 의하여 강제되는 조항이다.

7. 중개 조항(Intermediary Clause)

미국 재보험시장에서는 재보험 계약서상 표준화된 중개 조항을 사용하도록 강제하고 있다. 중개 조항의 주요내용은 출재사가 재보험 중개사(Reinsurance Intermediary)를 이용할 경우에 출재사가 재보험 중개사에게 지급한 재보험료는 재보험자에게 지급한 것으로 간주한다는 내용이다. 이는 재보험 중개사에 대한 신용위험(Credit Risk)을 재보험자에게 부담시킬 목적으로 도입된 규정이다.

제 3 절 기타 규제내용

1. 유사 재보험(Reinsurance Alternatives / Supplements)에 대한 규제

대형이재가 발생할 경우에 재보험시장의 담보력(Reinsurance Capacity)은 일반적으로 급격히 축소되고 재보험 담보력의 부족으로 인하여 재보험시장의 가격인 재보험 요율은 급등하는 현상이 발생한다. 이와 같은 상황에서 기업과 보험회사들은 담보력 부족 문제를 해결하기 위하여 여러 대안들을 강구하게 되었는바 이와 같은 노력의 결과로 다음과 같은 새로운 제도와 방안들이 검토되고 있다.

- 비상위험적립금(Catastrophe Reserve)에 대한 비과세

  장래에 발생할 수 있는 대형이재(Catastrophe)에 대비하여 보험회사들이 별도로 적립하는 비상위험적립금에 대하여 과세를 유예하거나 면제하는 제도를 도입하는 국가들이 최근 증가추세에 있다. 이는 재보험시장의 담보력 부족 시 출재사의 재보험시장 의존도를 경감시키는데 기여하고 있다.

- 대이재 담보채권(Catastrophe Bond)

  대이재 담보채권(Catastrophe Bond)은 재보험시장의 담보력 부

족문제를 해결하기 위해 개발된 것으로서 위험의 인수를 목적으로 한 특수법인을 설립하고, 이에 소요되는 자금을 마련하기 위하여 투자자들에게 채권을 발행하여 기금으로 충당하는 형태를 취하고 있다. 대이재 담보채권(Catastrophe Bond)에서 담보하는 대형이재가 발생할 경우에 투자자들은 채권의 이자와 원금의 일부를 잃게 되지만, 이재가 발생하지 않을 경우에는 정해진 투자수익 외에 추가적인 채권수익을 얻게 된다.

- 자가보험(Captives)

일반기업체에서 자사의 위험관리를 목적으로 자가보험회사(Captive Insurance Company)를 설립, 운영하는 사례가 최근 들어 증가하고 있다. 자가보험회사는 모기업의 위험관리를 위하여 설립되기 때문에 주로 모기업의 위험을 인수한다. 기업체의 입장에서는 자회사로 자가보험회사를 설립하여 운영함으로써 보다 효율적인 위험관리 서비스를 받을 수 있는 한편, 자사의 제무제표상 여러 혜택 등을 기대할 수 있으며 보험시장에 대한 의존도를 경감시킬 수 있는 이점이 있다. 과거의 자가보험회사들은 일반적으로 세제상 많은 혜택이 주어지는 버뮤다(Bermuda) 등 역외 지역에 설립되었으나 최근에 들어서는 각 국이 자국내에 설립되는 자가보험회사에 대해서도 동일한 세제상의 혜택을 부여함으로써 역내 지역에서도 많은 자가보험회사들이 설립되고 있다.

Chapter 16

재보험시장의 변화 추세

과거의 재보험시장은 보험 전문가인 보험회사와 재보험회사 간에 재보험 계약에 대한 거래가 이뤄지는 다소 폐쇄적인 시장으로 존재해 왔기 때문에 일반 대중들의 이해관계나 관심으로부터 멀리 떨어져 있었다고 말할 수 있다.

그러나 1980년대에 들어 미국 보험시장에서 각종 배상책임 보험과 관련된 클레임의 폭발적인 증가로 보험시장에서 심각한 담보력 부족 현상이 야기 되었으며 그 후 잇따라 발생한 Hurricane Andrew와 Northridge Earthquake 등과 같은 대규모 자연재해 및 9.11사태의 발생으로 많은 보험회사가 막대한 보험금을 지급하게 되어 파산에 직면하거나 시장에서 철수하는 사태가 발생하자 재보험시장이 금융시장의 중요부문으로 새롭게 일반대중으로부터 주목을 받기 시작했다. 이와 같은 재보험시장의 전반적인 변화과정에서 야기된 주요현상 중에서 우리가 주목해야 할 중요한 사항들을 살펴보면 다음과 같다.

제 1 절 재보험 Security 평가의 강화

보험회사와 재보험회사의 지불능력에 대한 감독 당국의 검사와 점검에 더하여 A.M. Best사, Standard & Poor's사 및 Moody's Investors Service사 등 금융시장에서 활동하는 신용평가와 투자분석 관련 전문 기관들이 보험회사와 재보험회사를 상대로 담보능력 등 재무상태 전반에 대한 광범위하고 철저한 평가와 점검을 시행하고 있다. 이들 신용평가사와 투자분석사들에 의한 보험업체에 대한 평가와 점검과정에서 보험회사나 재보험회사에게 적합하지 않은 평가기준을 적용함으로써 그간 보험업계 내에서 많은 논란이 있었다. 특히 보험회사 또는 재보험회사의 재무제표상 주요한 부분을 점하고 있는 미지급 보험금 적립액(Loss Reserve)에 대한 적정성 평가와 관련하여 회계의 투명성을 지나치게 강조하는 이들의 획일적인 평가기준에 의해 많은 문제점이 야기되고 있는 실정이다.

제 2 절 재보험자의 역할제고

다음으로 세계 재보험시장의 재편과 관련된 사항이다. 대형이재의 발생에 따른 대규모 재보험 클레임의 지급으로 세계 재보험시장의 상호 의존성이 증대되었으며 또한, 많은 재보험시장의 참가자들이 파산하거나 시장에서 퇴출하는 등 재보험시장의 급격한 부침

현상이 많이 발생하였다. 이와 같은 과정을 거쳐 세계 재보험시장에서 활동 중인 재보험회사들은 수적으로 대폭 감소한 반면 이들은 대규모 자본을 갖고 과거에 비해 보다 합리적인 언더라이팅과 위험관리 기능을 수행함으로써 자본의 효율성을 제고하는 경영을 추구하고 있다. 보험산업에 있어서 자본의 효율성 제고는 계속 발생하고 있는 클레임 지급을 위한 충분한 재원 마련과 함께 새로운 보험 계약을 인수할 수 있는 적정 수준의 담보력을 충당할 수 있으면서 투하된 자본에 대한 적정 수익률을 시현하여 투자자들에게 배당할 수 있어야만 가능하다고 하겠다. 그러나 보험업계의 현실은 회사 간 가격경쟁의 심화와 보험감독 당국에 의한 보험요율 규제 및 예상치 못한 대형이재의 발생 등으로 보험회사가 적정 수익률을 시현하기가 점차 어려워지고 있는 한편 자본 조달비용의 상승으로 인하여 보험업계의 입장에서는 자본의 효율성을 극대화 할 수 있는 방안 마련이 시급히 해결하여야 할 과제라고 하겠다. 이와 관련하여 재보험시장에서 담보력을 제공하고 있는 재보험자의 역할이 매우 중요하다고 하겠다. 재보험자들은 재보험 담보력의 확보를 위해 보험업계뿐만 아니라 일반 자본시장으로 활동영역을 확대할 필요가 있다고 하겠다. 재보험업계가 위험분산을 위한 새로운 시도로서 시카고(Chicago)의 현물시장(Chicago Board of Trade)과 버뮤다(Bermuda)의 현물시장을 통해 선물과 옵션 등의 재보험 관련 거래가 몇 차례에 걸쳐 시범적으로 이뤄졌으나 아직까지는 이와 같은 거래가 활발하게 이루어지고 있지 않은 실정이다.

제 3 절 버뮤다 시장의 위상강화

아울러 주목할 사항은 버뮤다(Bermuda) 재보험시장이 세계 재보험시장에서 중요한 시장으로 부상하고 있다는 점이다. 버뮤다 시장은 역외 시장(Off-shore Market)으로 많은 세제상의 혜택과 시장에 대한 규제완화 조치 등으로 많은 수의 자가보험회사(Captive insurance company)를 유치하고 있으며 또한 시장 내 대규모 재보험 담보력(Capacity)를 보유하고 있는 굴지의 재보험회사들의 진출로 인하여 세계 재보험시장에서 그 역할이 점차적으로 증대되고 있다.

Chapter 17

유사 보험(재보험) 시장(ART Market)

제 1 절 유사 보험(재보험)시장의 주체(Risk Carrier)

전통적인 보험시장과 재보험시장의 담보력 부족과 이에 따른 급격한 요율인상 등으로 1980년대 중반 미국의 보험시장에서는 생산물 배상책임 보험(Product Liability Insurance)을 비롯한 각종 배상책임 보험(Liability Insurance)에 대한 보험과 재보험 담보(Coverage)의 제공이 안정적이지 못한 상황에서 보험 계약자들이 위험의 보유(Risk Retention)와 위험의 전가(Risk Transfer)를 적절히 활용할 수 있는 여러 가지 새로운 개념의 보험상품과 재보험상품이 시장에 소개되었는바 이들을 유사 보험(재보험)상품이라 하며 이와 같이 비전통적인 보험 거래 유형을 총칭하여 Alternative Risk Transfer(ART)라고 한다. ART 시장은 최근 들어 급격한 성장추세를 보이고 있는바 이 같은 유사 보험시장에서 위험인수 업무에 종사하는 활동주체들은 다음과 같다.

- Self Insurance/Captives
- Risk Retention Group
- Risk Purchasing Group
- Insurance/Reinsurance Pools

이들 유사 보험시장에서 활동하고 있는 거래주체들은 자가보험(Self Insurance) 회사들을 주축으로 하여 미국 보험시장의 독특한 거래관행에 따라 1986년에 제정된 Risk Retention Act의 발효 이후에 동 시장에서 성장, 발전하여 왔다.

자가보험과 유사한 형태로 운영되고 있는 Risk Retention Group 역시 1980년대에 미국 시장에서 배상책임 보험(Casualty Insurance)의 담보력 부족사태를 해결하기 위하여 동종업계에 종사하는 업체들이나 조합들이 공동으로 설립한 일종의 상호보험조합이라고 할 수 있다. 1981년에 미국 의회를 통과한 Product Liability Risk Retention Act와 1986년도에 발효된 Liability Risk Retention Act 등으로 인하여 배상책임 보험담보(Coverage)의 구득에 어려움을 겪던 특정 업체들에게 보험담보의 구득이 가능하게 되었다. 2011년 말 업종별 Risk Retention Group의 수와 보험료 현황을 보면 아래와 같다.

Risk Retention Group 현황(2011년)

업　종	RRG수	보험료(백만 불)
Environmental	6	22.0
Financial	1	88.5
Government & Institutions	14	250.1

Healthcare	154	1,625.0
Leisure	4	28.0
Manufacturing	15	35.8
Professional Service	14	436.9
Property Development	24	99.4
Transportation	21	106.6
Total	253	2,692.4

자료출처: Risk Retention Reporter.

유사 보험시장의 거래주체 중 자가보험(Captive)은 오늘날 전세계적으로 많은 기업들이 위험관리 수단으로 채택하고 있는 제도로서 단일 기업체나 또는 복수의 기업체들이 자가보험을 위한 보험회사나 재보험회사를 설립하여 주로 모회사의 위험을 인수하도록 하고 있으나 경우에 따라서는 타기업체의 위험도 인수한다.

자가재보험회사(Captive Reinsurance Company)의 경우에는 통상적으로 원보험회사를 Fronting Company로 하여 보험증권을 발행하게 한 다음, 동일위험을 재보험으로 인수하는 형태를 취한다.

자가보험회사(Captive Insurance Company)가 인수하기 적합한 위험은 사고발생의 빈도는 높으나 사고규모가 비교적 크지 않은 위험 등이 대상이 된다. 자가보험시장(Captive Insurance Market)은 그간 많은 성장과 발전을 거듭하여 아래의 표에서 보는 바와 같이 2012년도 말 전세계에는 6000여 개의 자가보험회사들이 활동하고 있다. 그동안 세제상 많은 혜택을 부여하고 있는 버뮤다 시장과 같은 역외 시장(Off-Shore Market)에 많은 자가보험회사들이 설립, 운영되고 있었으나 최근 들어 미국 내 여러 주에서 시행중인 자가보험회사들에 대한 유인책 등으로 역내 시장(On-Shore Market)의 자가보험회사들의 수가 증가하는 추세에 있다.

전세계 자가보험시장 성장추세

년 도	자가보험회사 수
2005	4,881
2006	4,951
2007	5,119
2008	5,211
2009	5,525
2010	5,587
2011	5,807
2012	6,052

자료출처: Business Insurance.

지역별 자가보험회사 분포

순 위	지 역	회사 수
1	Bermuda	856
2	Cayman Islands	741
3	Vermont	586
4	Guernsey	333
5	Barbados	291
6	Anguilla	287
7	Bahama	261
8	Luxembourg	238
9	Nevis	203
10	Delaware	190
11	Hawaii	179
12	D.C.	170
13	British Virgin Islands	157
14	South Carolina	149
15	Dublin/Ireland	141
16	Kentucky	139
17	Nevada	133
18	Isle of Man	125
19	Montana	114
20	Arizona	101
21	Others	658

자료출처: Business Insurance.

보험 풀(Pool)은 대형위험에 대한 담보력 제공을 위하여 복수의 기업체나 보험회사들에 의하여 결성된 일종의 상호 보험회사(Mutual Insurer) 또는 상호 재보험회사(Mutual Reinsurer) 조직이라고 할 수 있다. 일반적으로 담보력이 크게 요구되는 특수위험이나 대형의 산업위험(Industrial risk) 또는 상업위험(Commercial risk) 등을 담보하기 위하여 국가단위의 원보험과 재보험 풀(Pool)이 운영되고 있다. 원자력위험을 담보하고 있는 독일의 Nuclear Insurance Pool 외에 테러위험을 담보하는 영국의 Pool Re 등이 그 예가 된다.

유사 보험시장에서 중요한 역할과 기능을 수행하고 있는 주요한 시장으로서 최근 크게 주목을 받고 있는 것이 일반 금융시장이다. 전통적으로 보험시장에서 담보되는 위험들이 현재 금융시장에서도 거래가 되고 있는바 보험연계증권(Insurance-linked Securities, ILS)과 같이 보험과 금융이 혼합된 상품들이 현재 일반 금융시장에서도 거래되고 있다.

참고로 2011년에 금융시장에서 거래가 이루어진 10개의 대형 대이재 담보채권(Catastrophe Bond)을 살펴보면 아래와 같다.

2011년도에 발행된 주요 대이재 담보채권 (단위: 백만 불)

순 위	Special Purpose Vehicle	Sponsor	금 액	담보위험
1	Compass Re 2011 Class2	National Union	250.0	Hurricane,Earthquake
2	Compass Re 2011 Class3	National Union	250.0	Hurricane,Earthquake
3	East Lane IV 2011-B	Chubb	250.0	All Perils
4	Calypso Capital	AXA	247.7	Windstorm

5	East Lane IV 2011-A	Chubb	225.0	All Perils
6	Golden State Re	State Comp Ins.Fund	200.0	Earthquake
7	Successor X 2011-1	Swiss Re	160.0	Hurricane
8	Residential Re 2011-5	USAA	160.0	All Perils
9	Queen Street III	Munich Re	150.0	Windstorm
10	Embarcadero	California Earthquake	150.0	Earthquake

자료출처: Guy Carpenter.

제 2 절 유사 보험시장의 특성

전통적인 보험시장에서 거래되는 보험상품들은 대부분 각 위험별로 규격화된 종목별 시장의 특성을 유지하고 있으나 유사 보험시장에서는 세분화된 위험들을 통합한 복합적인 상품들이 만들어져 거래되고 있는바 이들 상품들은 다음과 같은 특성을 가지고 있다.

- 위험의 특성을 감안하여 보험상품을 새로이 설계(Design)
- 도덕적 위험(Moral Hazard)의 최소화
- 대형 위험에 대한 담보력 확충
- 전통적 보험시장의 담보력 및 요율의 급격한 변동성 완화

제3절 유사 보험상품

유사 보험시장에서 거래되는 비전통적인 유사 보험상품의 종류 및 이들 상품의 특성은 다음과 같다.

상품의 종류

- Finite reinsurance
- Multi-year products
- Multi-trigger products
- Committed capital
- Structured finance and solutions for new assets class
- Credit solution
- Insurance-linked securities

상품의 특성

- 고객의 필요에 부합하는 맞춤형 상품
- 다중담보(복수년도/복수위험)
- 위험의 전가 보다는 사고대비 금융기능 위주
- 전통적인 보험시장 이외의 시장에서 거래
- 각종 금융적 수단 활용

1. Finite Reinsurance

위험의 전가(Risk Transfer)와 함께 출재사의 재무적인 니즈(Needs)를 통합한 금융재보험의 일종으로 통상 계약기간이 다년간 지속되는 바 이는 출재사의 보험손해를 수년에 걸쳐 분산시킴으로써 보험경영의 안정을 기할 목적으로 이뤄진다. 재보험료 등 재보험 계약조건이 담보되는 위험과 함께 투자수익 등을 고려하여 정해진다.

2. Multi-year products

개별 기업체의 입장에서 상호 연관성이 없는 다양한 위험을 통합하여 여러 해에 걸쳐 담보를 제공받기 위하여 최근 개발된 유사 보험상품으로 아직까지는 널리 이용되지 않고 있다.

3. Multi-trigger products

특정 기업체의 입장에서 영업이익과 직결된 여러 개의 외부상황을 매개 변수로 하여 보험의 담보조건이 정해진다. 날씨(Weather risk), 에너지가격, 상품가격 및 환율 등이 보험담보를 결정하는 요소가 될 수 있다. 계약자에게 발생한 최초의 보험사고는 담보되지 않으나 두 번째 보험사고부터는 사전에 정한 보상기준에 따라 담보가 된다.

4. Commercial capital

보험과 금융을 연결하는 일종의 융합상품으로 일명 Contingent capital이라고 한다. 계약상 담보되는 보험사고가 발생하여 계약자인 기업체의 재무 상태가 급격히 악화될 경우에 필요한 자금을 공급할 것을 약정한 유사 보험계약으로 사고발생에 따라 추가자본이 소요될 경우 자본조달 비용을 절감할 수 있다.

5. Insurance-linked securities

보험시장의 부족한 담보력을 확충할 목적으로 개발된 혁신적인 유사 보험상품의 일종으로 보험을 증권화한 대이재 담보채권(Catastrophe Bond)이 대표적인 상품이다.

6. Structured finance

신용카드 채권, 주택담보 채권 및 자동차 구입자금 대출 채권 등으로부터 발생하는 미래의 현금흐름(Cash flow)을 담보하는 유사 보험상품으로 이와 같은 상품을 구입하는 기업들은 자신의 자산(Assets)을 특별한 목적으로 설립된 독립법인에게 이전하고 이를 담보로 금융시장에서 투자자들로부터 자금을 조달하며 보험자(혹은 재보험자)는 이에 대한 보증이나 신용을 투자자에게 제공한다.

Chapter 18

재보험 중개사

제 1 절 재보험 중개사의 역할

재보험 중개사의 역할은 고객인 출재사(주로 보험회사)가 보험회사의 경영과 관련된 각종 위험 요소들을 분석한 후 이들 위험에 대비할 수 있는 최적의 위험관리 방안을 마련하여 예기치 못한 상황이 발생할 경우 고객(출재사)이 입을 수 있는 재정적 손실을 최소화 할 수 있도록 고객인 출재사를 위하여 재보험 프로그램을 마련하고, 위험관리에 대한 컨설팅 서비스를 제공하는 것이다. 최근 들어 재보험 중개사의 핵심적 업무가 재보험 출재업무(Reinsurance placement)에서 고객 보험회사에 대한 컨설팅업무(Consulting Service)로 바뀌어 가는 추세에 있다.

1990년대의 세계 재보험시장은 담보력의 공급과잉으로 Soft

market 상태에 있었고 이와 같은 시장상황에서 재보험 중개사들은 저렴한 재보험 요율로 고객들이 원하는 재보험 담보(Coverage)를 쉽게 구할 수 있어 비교적 손쉬운 영업활동을 전개할 수 있었다.

하지만, 2000년대에 들어와 Asbestos(석면 침착증)관련 클레임(Claim)의 급격한 증가, 미국의 9.11 테러 사태와 대규모 자연재해의 빈발 등으로 야기된 엄청난 규모의 보험 손실로 인하여 많은 재보험자가 재보험시장에서 철수함으로써 세계 재보험시장의 담보력은 급격한 감소를 초래하였고 이에 더하여 때맞추어 발생한 경기 침체의 영향으로 세계 재보험시장은 재보험 담보력의 공급부족으로 야기된 Hard market 상태가 한동안 지속되었다.

이와 같은 시장 상황에서 재보험 중개사들은 고객들이 원하는 재보험 담보를 구하는데 상당한 어려움에 직면하게 되었으며 고객들의 재보험 요구(Needs)를 충족시키기 위하여 재보험 중개사들은 새로운 형태의 재보험 상품(Coverage)를 고안하는 한편 새로운 시장(Unconventional Reinsurance Market)의 개척에 많은 노력을 경주하게 되었다.

새로운 위험의 등장과 9.11 사태와 같은 대형 사고의 발생은 보험회사들에게 보유위험에 대한 정확한 평가의 중요성을 더욱 부각시키게 되었으며 재보험 중개사들도 이에 대응하기 위하여 보험회사의 재무적 모델링(Financial modelling), 수리적 분석(Actuarial analysis), 및 보유위험 분석(Portfolio analysis) 등의 새롭고 정교한 위험 평가기술 개발에 많은 노력과 투자를 집중하고 있는 실정이다.

한편 세계 각 국 간 자유무역협정(Free trade agreement)의 체결 등으로 각 국이 국제적인 투자에 대한 각종 규제를 철폐 또는 완화하는 추세 속에서 국제적인 상업적 거래 건수와 규모가 더욱 증대되고 있다.

이러한 환경의 변화 속에서 새로운 시장에 진출하는 기업의 입장에서는 각 국이 처한 독특한 사회적 또는 법적 환경에서 야기되는 위험 또한 상이할 수밖에 없으므로 전세계적인 규모의 영업기반을 유지하고 있는 기업의 입장에서는 전세계적인 연결망(Network)을 갖춘 대형 재보험 중개사의 통합적인 컨설팅 서비스가 그 어느 때 보다 요구된다고 하겠다.

제 2 절 재보험 중개사의 업무

출재사의 재보험에 대한 요구(Needs)는 보험회사의 담당 업무에 따라 다를 수 있다. 보험 계약의 인수업무를 담당하는 실무자(Underwriter)의 입장은 최소한의 재보험 비용으로 최대한의 재보험 담보(Coverage)를 구입하기를 원할 것이고, 출재사의 재무 담당자(Financial officer)는 재보험 비용의 지출은 최소화 하되 회사전체의 재무제표상 가장 긍정적인 효과를 거둘수 있는 재보험 프로그램을 요구하게 될 것이고, 회사의 최고 경영자인 사장의 입장에서는 자신의 중점 경영목표에 부합되는 방향에 따라 재보험에 대한 요구(Needs)가 역시 달라질 수 있다고 본다. 따라서 재보험 중개사의 입장에서는 고객사인 출재사의 담당자별로 다양한 재보험에 대한 요구사항을 통합, 조정하여 재보험 프로그램을 설계할 필요가 있게 된다. 그러나 중요한 사실은 그 어떤 경우라도 재보험 중개사는 고객인 출재사의 장기적인 경영목표와 출재사의 영업환경 등을 항상 감안하여 재보험 프로그램을 설계하여야 한다.

재보험 중개사는 고객인 출재사를 위한 구체적 재보험 프로그램 설계에 앞서 출재사의 계약인수 현황(Underwriting), 보험금 지급현황(Claim), 재무 상태(Finance) 및 전산 시스템 등과 관련된 정확한 데이터를 수집한 후에 이를 심도 있고 종합적으로 분석하는 작업이 선행 되어야 한다.

이와 같은 작업의 효과적인 수행을 위하여 보험 중개사들은 새로운 분석기법들을 개발하여 활용하고 있는바 대표적인 것들이 대이재 발생빈도와 규모 등을 분석하기 위하여 사용되는 도구인 대이재 모델링(Catastrophe modelling)과 보험회사의 클레임 지급에 따른 회사의 재무 상태의 변화를 시뮬레이션(Simulation)을 통하여 항상 파악할 수 있는 재무모델링(Financial modelling) 등이다.

재보험 중개사들은 이들 모델(Model)들을 활용하여 보험회사의 위험관리에 도움이 될 수 있는 복수의 재보험 프로그램에 대한 시뮬레이션 작업을 통하여 각 프로그램별 효과를 측정할 수 있다. 최근에는 앞의 언급한 대이재모델(Catastrophe model)과 재무모델(Financial model)을 통합한 새로운 모델인 Dynamic Financial Model(DFM)이 개발되어 활용되고 있다. 머지않은 장래에는 보험회사의 영업상의 위험(Business risk), 경영상의 위험(Operational risk), 투자 위험(Investment risk), 환율 위험(Currency risk) 및 회사평판에 대한 위험(Reputational risk) 등 보험회사 경영과 관련된 제반 위험 등을 평가 분석할 수 있는 보다 정교한 모델(Model)들이 개발되어 활용될 수 있을 것이다.

고객회사의 보험 영업 및 경영과 관련된 제반 자료의 수집과 분석작업이 완료되면 재보험 중개사는 그 분석 결과를 토대로 고객회사의 경영목표에 부합하는 가장 적절한 재보험 프로그램을 포함한 위험관리 방안을 마련하여 고객회사에게 제안을 하게 된다. 재보험 중개사가 출재사에게 제시하는 위험관리 방안에는 소요비용과 재보험시장 상황 등을 고려하여 전통적인 재보험 프로그램 이외에 대이재 담보 채권(Catastrophe Bond)이나 또는 보험과 연계된 기타 금융상품(Risk Securitization) 등의 활용이 대안으로 제시될 수도 있다.

재보험 중개사가 제시한 여러 위험관리 방안 중 출재사는 비용 및 효과 등을 고려하여 자사에게 가장 바람직한 재보험 프로그램을 선택한 후 중개사를 통하여 재보험시장에 재보험 프로그램의 출재업무(Placing)를 개시하게 된다. 대형 재보험 담보력이 요구되는 프로그램에는 다수의 재보험자가 이에 참여하게 된다. 출재사의 재보험 프로그램에 참여하는 재보험자의 신용도(Security)는 보험 사고 발생시 재보험금 회수에 영향을 주기 때문에 재보험 중개사는 재보험자의 Security 관련자료를 항상 확보하고 출재사의 요구가 있을 경우에는 이를 출재사에게 제공하여야 한다.

재보험 Security의 선택에 대한 책임은 전적으로 출재사에게 귀속되며 재보험 중개사에게는 이에 대한 법적인 책임을 물을 수 없다.

재보험 출재업무가 완료되면 재보험 중개사는 해당 재보험 계약에 대한 법적 서류인 재보험 계약서를 작성하여 출재사와 재보험자로부터 서명을 득한 후에 계약 당사자들에게 이를 교부한다.

재보험 중개사는 해당 재보험 계약에 대한 재보험료를 재보험자에게 지급하고, 재보험 담보대상인 보험사고 발생시 재보험금을 재보험자로부터 기한 내에 회수하여 출재사에게 지급하는 역할을 아울러 수행한다.

참고문헌

1. Alternative Risk Transfer; Eric Bank; John Wiley & Sons, Ltd.
2. Coverage in capital adequacy measures and financial reporting rules; Guy Carpenter Report, Aug, 2004.
3. Insurance Company Operation; Bernard L. Webb & Others; American Institute for Property and Liability Underwriters.
4. Insurance Financial Strength Rating Report; Fitch Ratings.
5. Lloyd's of London: A vision for targeted growth; Guy Carpenter Report, Aug, 2012.
6. Property-Liability Insurance Accounting; Robert W. Strain (Edited); The Merritt Company.
7. Property and Liability Reinsurance Management; Robert C. Reinarz; Mission Publishing Co.
8. RAA Reinsurance Underwriting Review-2011 Industry Result; Reinsurance Association of America.
9. Reinsurance; Robert W. Strain; Strain Publishing Incorporated.
10. Reinsurance Administration; Jane Lightcap Brown & Jennifer W. Herrod; LOMA (Life Office Management Association Inc.).
11. Reinsurance: Fundamentals and New Challenges (Forth Edition); Edited by Ruth Gastel; Insurance Information Institute.

12. Reinsurance News; Society of Actuaries, Feb, 2009.

13. Reinsurance Practices (Vol. 1 & 2); Robert C. Reinarz & Others.

14. Risk Management and Insurance (5th Edition); C. Arthur Williams, Jr. & Other; Mcgraw-Hill Book Company.

15. Solvency II and Incentives for Systemic Risk Exposures; The Geneva Association, Philip Keller.

16. Succeeding under Solvency II; Guy Carpenter Report, Sep, 2011.

17. Understanding BCAR Report; A.M. Best, Nov, 24, 2003.

국문색인

영문 색인

U

V

W

저자 약력

〈학 력〉
한국외국어대학교 졸업(서반아어과)
연세대학교 경영대학원 경제학과 졸업(경제학 석사)
국민대학교 대학원 국제통상학과 박사과정 수료
영국 CII(Chartered Insurance Institute)과정 이수
미국 보험대학(The College of Insurance)수학

〈이 력〉
대한재보험(주) 상무이사
Guy Carpenter/Korea 대표

재보험의 이론과 실무
– 보험회사의 위험관리 전략 –

초판인쇄 2013년 6월 10일
초판발행 2013년 6월 20일

지은이 유영식
펴낸이 안종만

편 집 김선민 · 배우리
기획/마케팅 정병조
표지디자인 김지은
제 작 우인도 · 고철민

펴낸곳 (주) 박영사
서울특별시 종로구 평동 13-31번지
등록 1959. 3. 11. 제300-1959-1호(倫)
전 화 02)733-6771
f a x 02)736-4818
e-mail pys@pybook.co.kr
homepage www.pybook.co.kr
ISBN 978-89-6454-952-0 93320

정 가 18,000원